さらに極める
フランスワイン入門

The Guide of Tasting French Wines for Beginners

弘兼憲史

Kenshi Hirokane

幻冬舎

さらに極めるフランスワイン入門／目次

第3章 シャトーが造る〝ワインの女王〟――ボルドー

第4章　神に祝福された〝ワインの王様〟――ブルゴーニュ……97

第5章 北の地のワイン――シャンパーニュ、アルザス、ロワール、ジュラ

第6章 大地と光のワイン ――ローヌ、プロヴァンス、ラングドック、ルーション、南西部

ラベルは情報の宝庫だ
栓を抜く前にじっくり
眺めてみよう

ラベルを見れば
一目でワインの
グレードがわかる
知識はワインの味を
一層引き立たせる

ワインの格を知りたい人はkey word 3へ

第1章

ラベルには情報がいっぱい

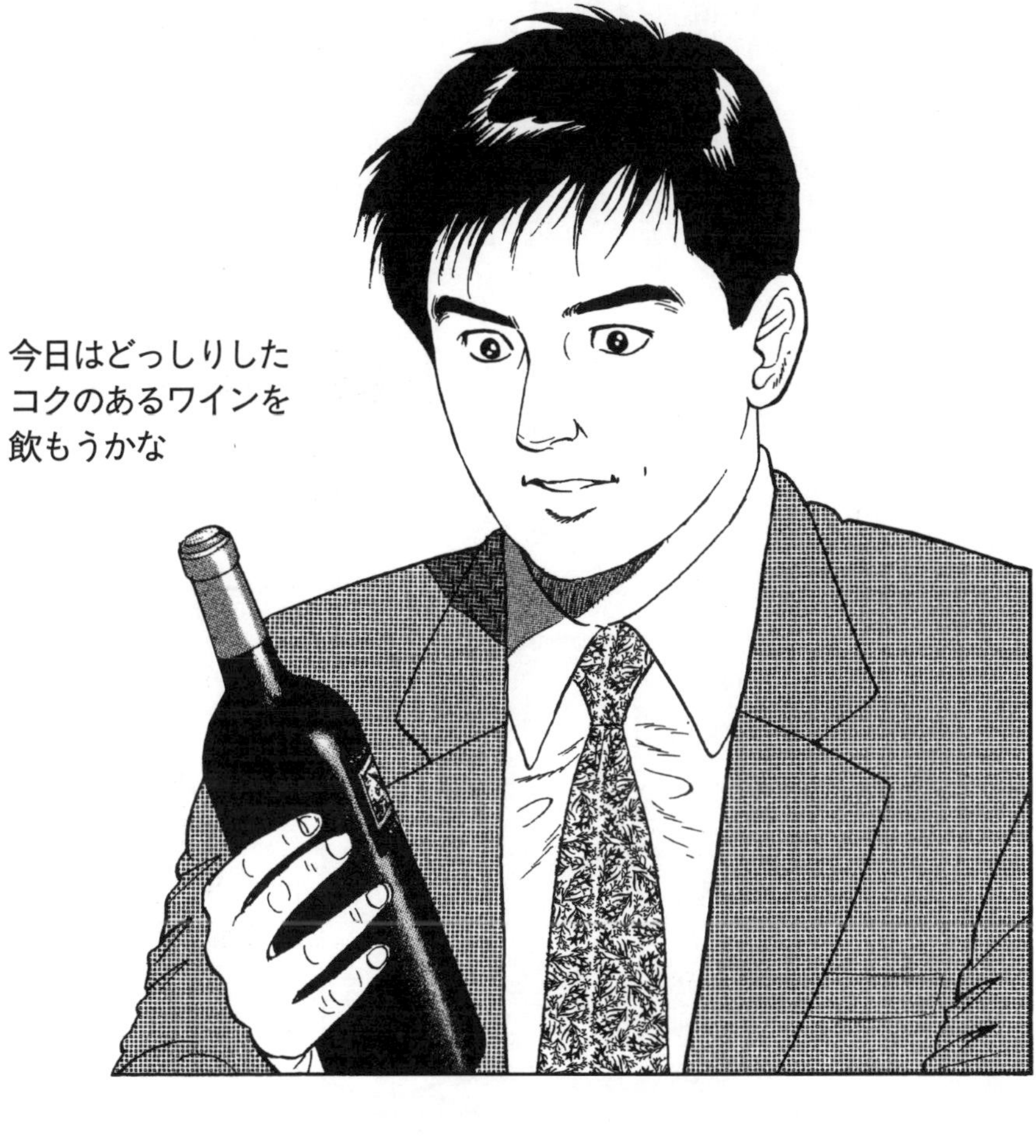
今日はどっしりした
コクのあるワインを
飲もうかな

豊富な種類、高い品質——ワインはやっぱりフランスが好き

ホームパーティを計画したり、恋人と一緒に静かな夜をすごしたいときなど、そこにワインがあれば、雰囲気はいっそう盛り上がる。でもワイン売り場には、ありとあらゆる国の、さまざまな種類のものが並んでいる。いったいどのワインがおいしいのか、どのワインを選べばいいのか、迷いに迷ってしまう。

これからワインのことを少し深く知りたいと思うのなら、まずはフランスワインから始めることをおすすめする。最近はさまざまな国で良質なワインが造られているが、新興国のお手本になっているのは、なんといってもワイン発祥の地、フランスである。紀元前六〇〇年前からワインを造りつづけ、ぶどう栽培面積はスペインより少ないものの、生産量はいまも世界のベストスリーにはいっているのだ。

フランスワインといえば、ボルドーとブルゴーニュが有名だが、ほかにもシャンパーニュ、アルザス、ローヌなど多くの地域で、それぞれ個性的で上質なワインが生産され、世界中の人に愛されている。なにはともあれ、フランスワインを一度、じっくりと味わってみてほしい。

同じ品種のぶどうで
造っても　土地がかわると
味がちがうのよね
飲み比べてみると
楽しいわよ

ぶどうの品種によって味が変わるのは当然だが、同じ品種でも、土地によってぶどうの味は変わる。それがワインにも反映される。ワインのおもしろさ、奥深さのひとつだ。

味にもボトルにも土地の特色がでる

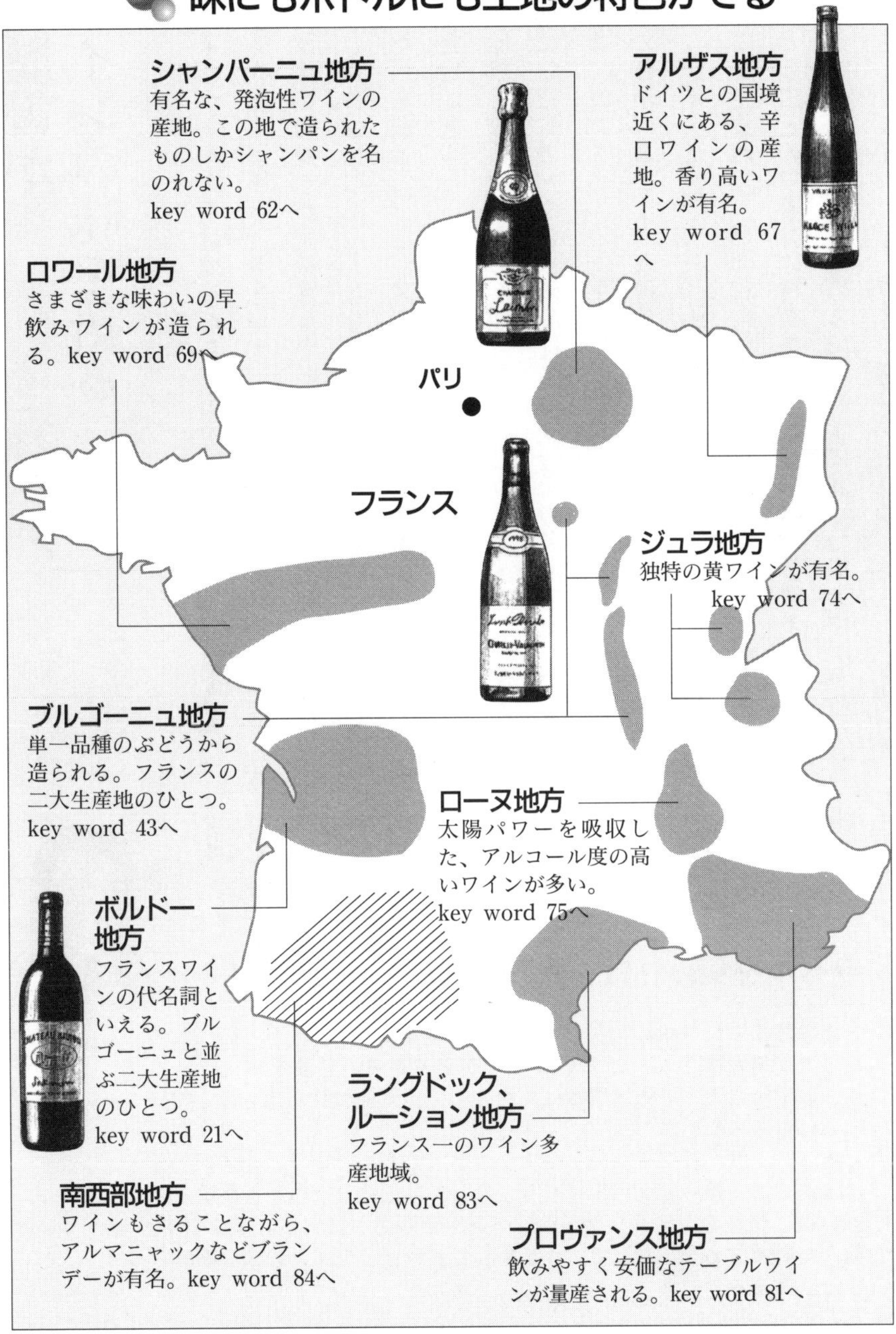
シャンパーニュ地方
有名な、発泡性ワインの産地。この地で造られたものしかシャンパンを名のれない。
key word 62へ
アルザス地方
ドイツとの国境近くにある、辛口ワインの産地。香り高いワインが有名。
key word 67へ
ロワール地方
さまざまな味わいの早飲みワインが造られる。key word 69へ
パリ
フランス
ジュラ地方
独特の黄ワインが有名。
key word 74へ
ブルゴーニュ地方
単一品種のぶどうから造られる。フランスの二大生産地のひとつ。
key word 43へ
ローヌ地方
太陽パワーを吸収した、アルコール度の高いワインが多い。
key word 75へ
ボルドー地方
フランスワインの代名詞といえる。ブルゴーニュと並ぶ二大生産地のひとつ。
key word 21へ
ラングドック、ルーション地方
フランス一のワイン多産地域。
key word 83へ
南西部地方
ワインもさることながら、アルマニャックなどブランデーが有名。key word 84へ
プロヴァンス地方
飲みやすく安価なテーブルワインが量産される。key word 81へ

履歴書がワインの味を語る

ワインボトルを手に取ったら、まずはラベルを見てみよう。ラベルは、フランス語でエチケットという。これには、一定のルールにしたがって、そのワインの身上が記載されている。つまりワインの履歴書なのだ。

はじめに目につく、大きな文字で記されたものが、ワインの名前（銘柄）だ。名前というと、メーカーがつけたブランド名のように思えるが、そうとはかぎらない。多いのは、「シャブリ」「ボージョレ」などのような、原料となるぶどうの産地、あるいはロマネ・コンティのような畑を名前にしたもの。ぶどうの品種名や醸造元の名前を冠したものなどがある。よく耳にする「シャトー○○」は、ボルドー地方の醸造元の名前だ。

そのほか、ぶどうの収穫年、ワインの品質の目安となる格付け（ランク）、造り手の名前などが記載されている。エチケットを読めば、何年にどこで生まれた、どの程度の品質のワインかが、わかるわけだ。地方やぶどうごとのワインの特徴を覚えれば、味の想像までできる。

フランス語で書かれているので語学に弱いと多少やっかいだが、ポイントをつかんでおけば、ワイン選びに役立つ。

ラベルはワインの顔だからね

ラベルを集めれば、飲み比べはもっと楽しい

この間飲んだワインをもう一度飲んでみたいけど、なんという名前だったか忘れてしまったということがよくある。名前を覚えていても、収穫年によって味は微妙に異なるので、以前に飲んだものと同じ味とはかぎらないが。

そこで、飲んだワインのラベルを、とっておくといい。レストランによっては、頼めばラベルをもらえるし、最近は、ラベルを簡単にきれいにはがせる、ワインラベルシートが市販されている。印象や味、飲んだ場所などを記入してファイルしておけば、ワインの楽しみがいっそう増える。

ラベルがわかれば味もわかる

①ワイン名
一般的にワイン名には、産地名、生産者名（ボルドーだとシャトー名）、ぶどうの品種名などが使われる。この場合はシャトー名でシャトー・ラトゥールと読む。

②収穫年
ぶどうを収穫した年が記載される。ヴィンテージといわれる。

③原産地統制呼称（AOC）
AppellationとContrôléeの間にぶどうの生産地名が入る。これはポイヤック村。格付けワインに表示される。

④瓶詰め
どこで瓶詰めされたかを示す。この場合はシャトー元詰め。シャトー以外の生産者（ドメーヌ domaine)、ワイン商（ネゴシアン négociant）などが表示されるものもある。

⑤シャトーの格付け
１級に格付けされたぶどう園に表示。

⑥容量
l、cl、mlなどの単位がつく。表示が義務づけられている

ほかに、アルコール度数、生産者名とその所在地が記載される。特定の銘柄を示すマークや絵が記載されることもある。知っておくとワインを探す目印になる。

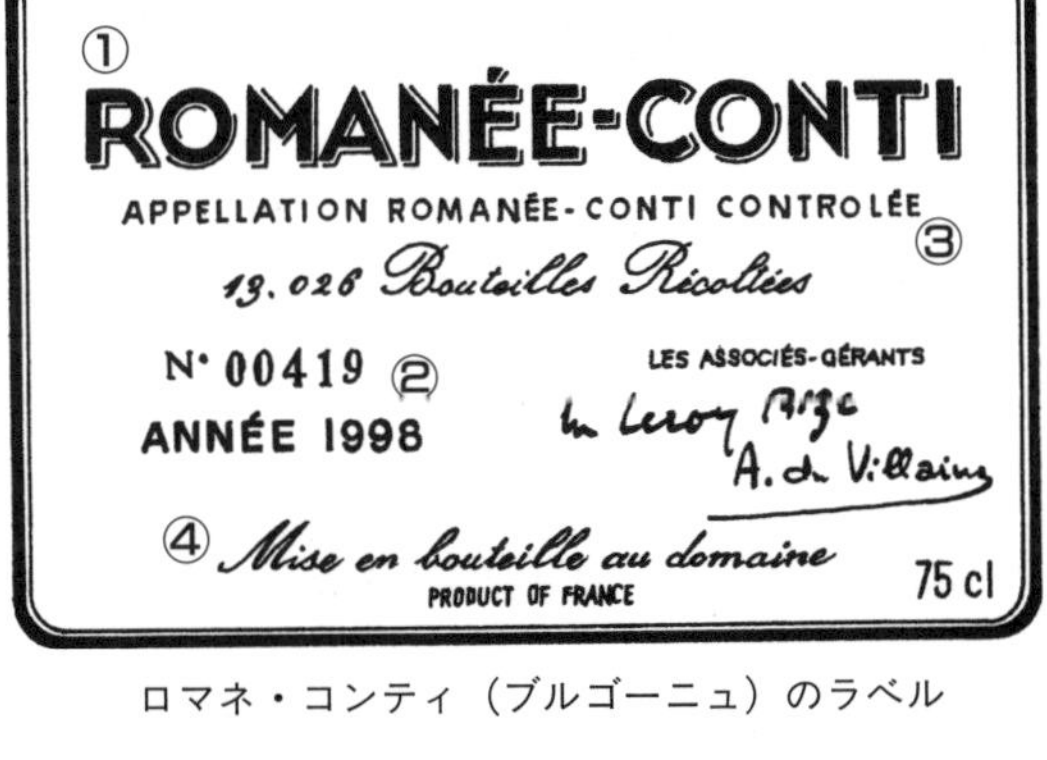

ロマネ・コンティ（ブルゴーニュ）のラベル

銘柄によってラベル表記はいろいろ
ワイン名、生産地と収穫年、生産者といった大切な項目は、記載が義務づけられているが、個性的なラベルも多い。どれが名前で、どれが生産地かは自分で判断しなければならない。
しかし、いくつかのラベルのパターンを頭にいれれば、すぐわかるようになる。

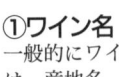

がぶ飲みワインと味わいワインの違いがわかる

一口にフランスワインといっても、めったに飲めない最高級ワインから、ごく日常的に飲む手ごろなワインまで、品質の幅はとても広い。

値段から推測したり、実際に飲んでみたりしなくても、どの程度のワインなのかは、じつはラベルを見ればすぐにわかる。ワイン生産国の多くが、品質を等級分けして格付けしている。フランスの所属するEUでは、ワイン法を制定し、日常消費用のワインと、それより上質の指定地域優良ワインに分けているが、フランスではそれぞれをさらに二つに分け、合計四つのランクに分類している。ワインのラベルには、このランクが記載されているのだ。

このうち最上級のワインは、AOC（原産地統制呼称ワイン）といい、ラベルには「Appellation（d'Origine ここに産地名が入る）Contrôlée」と書かれている。AOCは、INAO（フランス原産地呼称国立研究所）の検査を受けて合格したものだけに、このランクを選べばまず失敗はない。日本に輸入されているフランスワインのほとんどがAOCだが、一応ラベルを確認しておこう。

おかげで本物を飲めるわけだ

ワイン法は質を守るために生まれた

ワインにランクがつけられるようになったのは、ワイン選びに便利だからではない。

きっかけは、1930年代にぶどうの不作や経済の悪化がつづいたことだった。それに追い打ちをかけるように、産地名を偽ったワインが大量に出回るようになり、フランスのワイン業界は大打撃を受けた。そこで対抗手段として法制化がすすめられ、現在ＥＵ諸国の基準になっているワイン法が誕生した。

つまり格付けは、にせものを排除して、それぞれの産地の伝統を守るという目的のもとに生まれたのだ。

法律がワインの質を保証している

指定地域優良ワイン（クオリティワイン）	**AOC** Appellation d'Origine ※ Contrôlée アペラシオン・ドリジーヌ・コントローレ	数々の厳しい条件をクリアした最高格付けのワイン。フランスではAOCワインが多数あるため、さらに細分化されている。（詳細はkey word 4へ）
指定地域優良ワイン（クオリティワイン）	**AOVDQS** Appellation d'Origine※ Vins Délimité de Qualité Supérieure アペラシオン・ドリジーヌ・ヴァン・デリミテ・ド・カリテ・シュペリュール	AOCワインよりも1ランク下になるワイン。VDQS保証マークが表示される。特定の産地で造られ、一定の基準を満たしたもの。
日常消費用ワイン（テーブルワイン）	**Vins de Pays** **ヴァン・ド・ペイ**	生産地が限定されたテーブルワインといわれる日常消費用ワイン。Vins de Pays+生産地名と表示される。生産地が限定されている分、地方の特徴があらわれる。
日常消費用ワイン（テーブルワイン）	**Vins de Table** **ヴァン・ド・ターブル**	産地や収穫年の異なるぶどうやワインをブレンドしたワイン。国内のぶどうやワインだけを使用した場合Vins de Table Français／Produce of Franceなどと表示される。

※d'Origineの部分には地方名（ボルドー、ロワールなど）、地区名（メドック、コート・ド・ボーヌなど）、村名（ヴォルネイ、ヴォーヌ・ロマネなど）が入る。特級畑の場合は、村名を入れずに畑名だけ表示する。

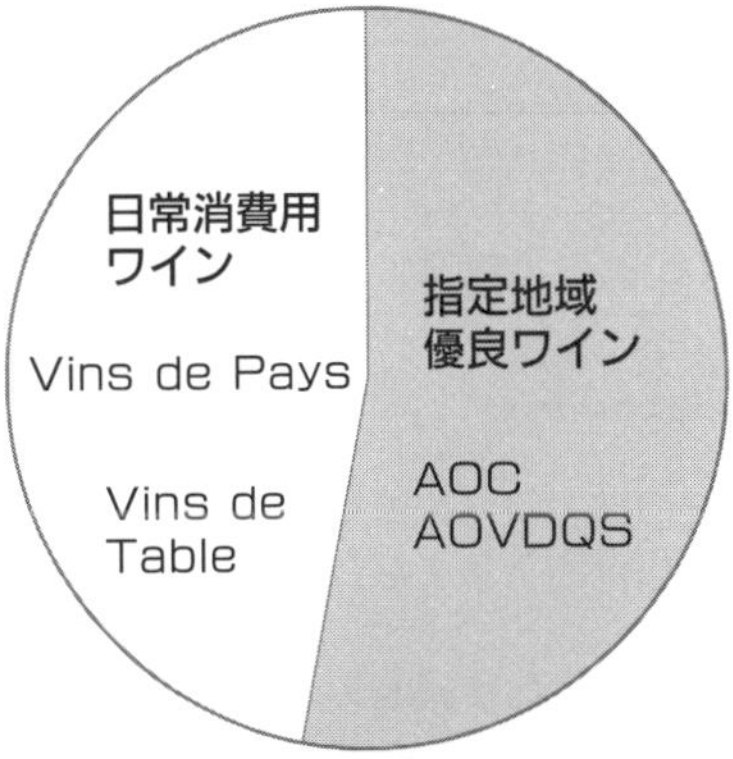

生産量の比率

格付けワインがふえている

世界で造られるワインのおよそ5分の1がフランス産。そのフランスでもっとも多く造られるのがAOCに格付けされるワインだ（ここ20年でAOCの割合は急増した）。

AOCワインは輸出される割合が高く、日本に輸入されるワインのなかでフランスワインの占める割合は40%をこえている。そのほとんどがAOCワインだ。

多様な格付けワインが輸入され、気軽にワインを楽しめる下地ができてきたということがいえる。

key word 4 AOC

出自が詳しくわかるほど個性的で上級なワイン

AOCワインには、「Appellation（d'Origine ここに産地名が入る）Contrôlée」と表記されている。ワインのラベルをみるときは、この産地名の書き方にも注目してみよう。

たんに、ボルドーやブルゴーニュなどの地方名だけの場合もあるが、メドック、コート・ド・ニュイなどの地区名、ヴォーヌ・ロマネといった村名、さらにはロマネ・コンティなど、ぶどう畑の名前が記されたものもある。たとえていえば、東京都出身だけではなく、世田谷区出身と書かれたもの、町名まで書かれたもの、そしてていねいに番地まで書かれているものがあるのだ。

AOCは、確かにこの産地で造られたものだと保証しているもの。その産地名が狭い範囲であればあるほど、保証の規制が厳しくなる。地方名より地区名、地区名より村名、村名より畑名のほうが、よりその土地の個性がはっきりとした、上級のワインということになる。

フランスの地理を知らないと、最初はよくわからないかもしれないが、地図を片手にチェックしてみるのも楽しいものだ。

ぶどうの栽培法まで決まってるよ

こんなに厳しい!?　AOC規定

AOCワインを名のるのは、簡単ではない。まず、その土地でとれたぶどうだけを使用していることが条件だ。そのうえで、ぶどうの品種、最低アルコール度数、最大収穫量、ぶどうの糖度、醸造法、熟成条件などの、細かい規定がある。

その規定を満たしているか、国家機関であるINAO（フランス原産地呼称国立研究所）が検査し、さらに専門家による利き酒テストが行われて、ようやくAOCとして認められるのだ。

現在、厳しい規定をクリアして、AOCを名のれる地域は、約400ある。

生産エリアの表示が狭いほど味は個性的

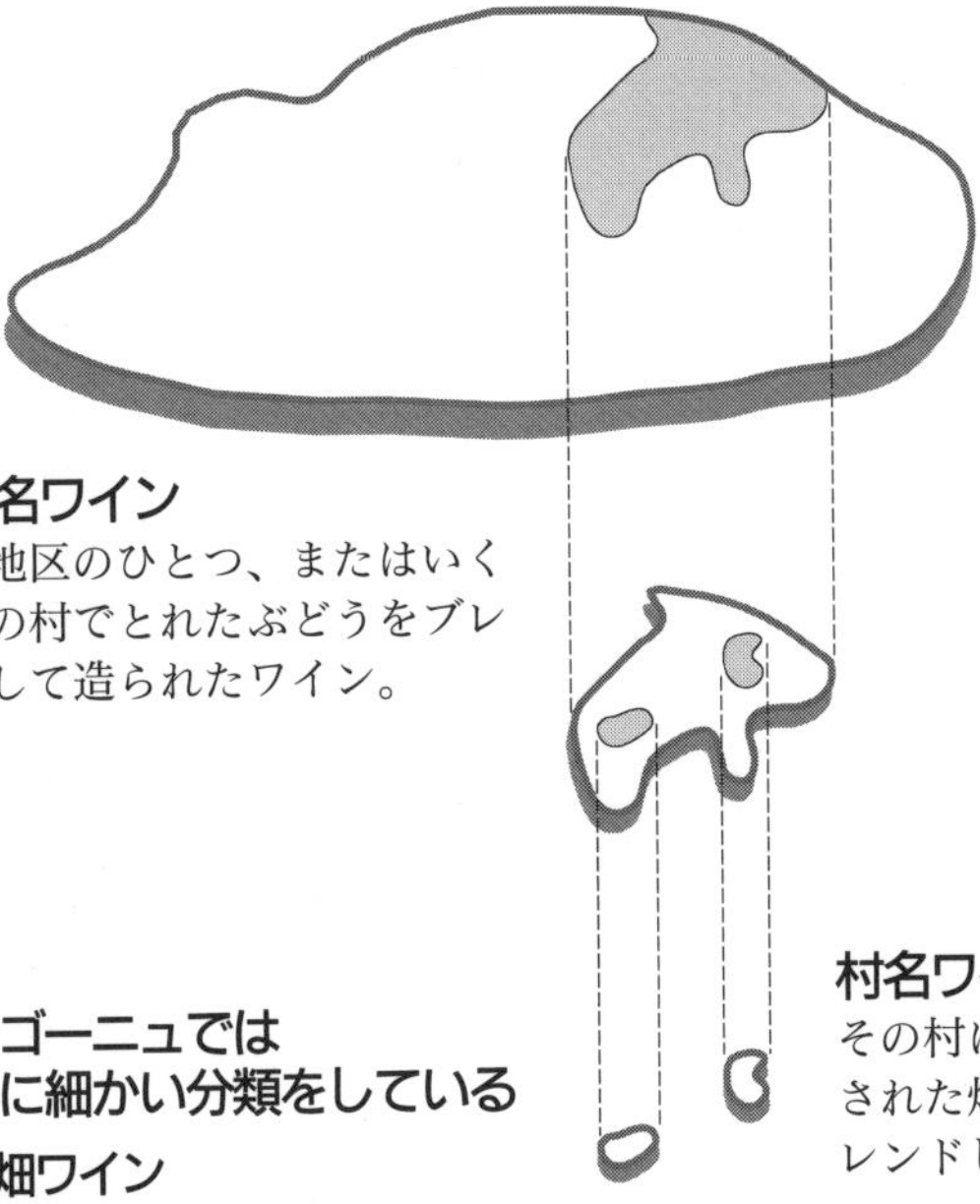

地方名ワイン
その地方でとれたぶどうをブレンドして造られたワイン。産地が広範囲にわたるため、土地の個性は薄れ、ぶどうの品種の一般的な特徴があらわれる。

地区名ワイン
その地区のひとつ、またはいくつかの村でとれたぶどうをブレンドして造られたワイン。

村名ワイン
その村にある、ワイン法で規定された畑からとれたぶどうをブレンドして造られたワイン。

ブルゴーニュでは
さらに細かい分類をしている

特級畑ワイン
特級に格付けされた畑からとれたぶどうだけで造られたワイン。村名ではなく、畑名を産地として記載する。

1級畑ワイン
1級に格付けされた畑からとれたぶどうだけで造られたワイン。産地の記載は1級畑名のほかに村名の記載が義務づけられている。

地方、地区によっては独自の格付け規定がある。ボルドーではシャトーを格付けしている。

そのAOC名が地方名か、村名か畑名かわからないとダメね

んー、地理の勉強も必要なのか…

大きめの地図を広げて、飲んだワインの生産地を順にチェックしてはどうだろう。フランス全土を制覇したいなぁ。

とっておきのワインは〝生まれ年〟にもこだわりたい

ラベルに記載された年数はヴィンテージといい、原料となるぶどうの収穫年を示している。ぶどうは作物だけに、できの良し悪しは天候に左右される。天候がよい年は、よく熟した糖度の高いぶどうができ、濃厚な味のワインができる。「あたり年」だからといって、醸造法がよくなければ、もちろんおいしいワインはできないわけだが、少なくともこれぞと思う高級ワインを手にいれるときは、ヴィンテージにも気を配ってみたい。

ただ、近年は醸造法の改良がすすみ、「はずれ年」は昔ほどなくなってきている。とくに、一九九〇年以降に造られたボルドーワインなら、ヴィンテージにそれほどこだわる必要はないだろう。

ところで、長期間熟成させた古いワインほどおいしいと思われがちだが、そうともいえない。ワインには飲み頃というものがある。長期熟成用に造られた最上級のワインには、二十〜三十年たったころが飲み頃というものもあるが、赤ワインなら、たいていは十年以内が飲み頃。フレッシュな飲み心地が身上の白ワインなら、せいぜい半年から数年程度だ。

今日は大奮発して
レアもののワインを
たくさん
取り寄せたわ!

ほら 島さんの
バースデイ
ヴィンテージの
一九四七年を揃えたの

長期熟成タイプならあたり年を選ぼう

ぶどうのはずれ年でも造り手によってはよいワインができる。が、一般的に長期熟成を楽しみにできるのは、やはりあたり年のワインだ。おもな地方のあたり年についてはそれぞれのページに紹介している。あわせて参照してほしい。
「君のバースデイ・ヴィンテージなら、〇〇地方がおいしいよ」なんてさらっと言えたら、かっこいい。

ぶどうのできがよくグレート・ヴィンテージといわれるのは1921、28、29、45、47、49、55、59年など。

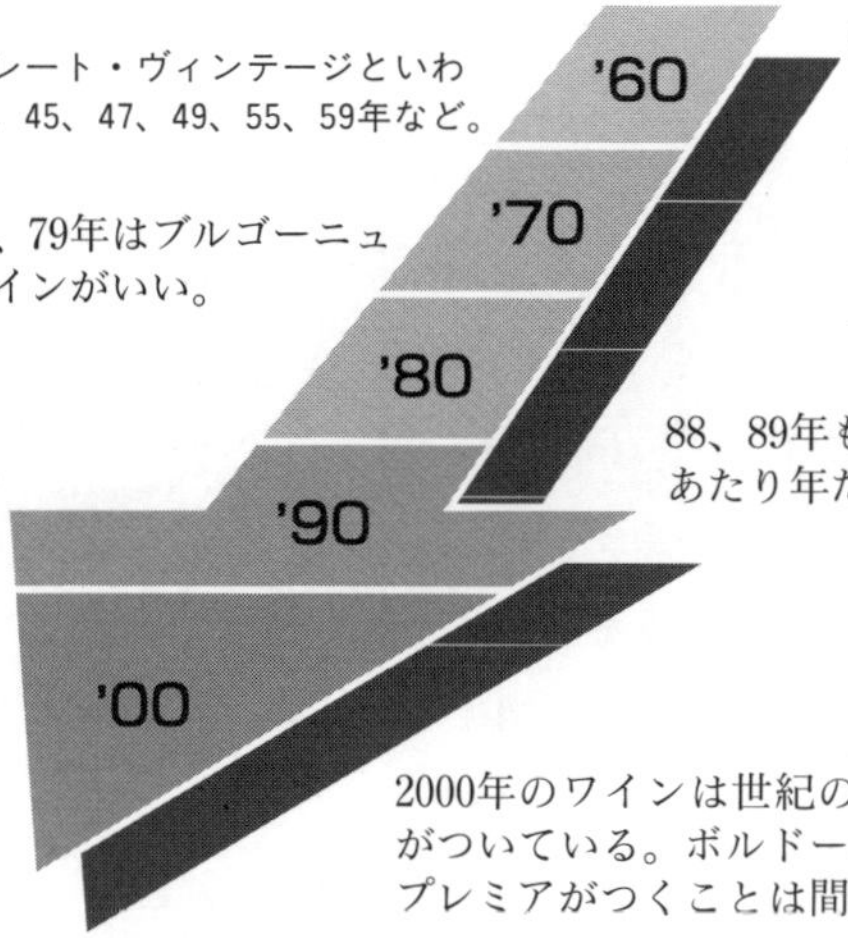

61年は20世紀最高のあたり年のひとつ。ボルドーの甘口白ワインなら67年ものがいい。保存状態がよければ、栄光の名残を見せてくれる。

78、79年はブルゴーニュワインがいい。

88、89年もあたり年だ。

90年はフランス全土にわたってあたり年。長期保存にもいいだろう。

2000年のワインは世紀のワインとしてどれも高値がついている。ボルドーのあたり年でもあるため、プレミアがつくことは間違いないといわれている。

おいしさのピークは、１本１本異なる

古いほど味がよいわけではない。ワインのタイプによってはできたてのほうがおいしい場合もある。一般的に高級ワイン以外はそれほど長期保存する必要はない。ワインは１本１本、もっとも魅力的な時期が違うのだ。飲み頃をはずれてしまうと、味は落ちる。注意しよう。
下に一般的な飲み頃の目安をあげておく。抜栓してみないと本当のところはわからないのが実情だが、買うときに販売員に確認してみるといい。

一般的な飲み頃の目安

赤ワイン

半年～１年	ボージョレ
１～３年	クリュ・デュ・ボージョレ、
１～５年	ローヌ
１～８年	コート・ド・ボーヌ（ブルゴーニュ）
２～10年	コート・ド・ニュイ（ブルゴーニュ）
３～20年	ボルドー
それ以上	傑出したボルドーワイン

白ワイン

半年～３年	プロヴァンス、ロワール
１～５年	アルザス、シャンパン、辛口ボルドー
１～10年	シャブリ、ブルゴーニュ
５～20年	甘口ボルドー

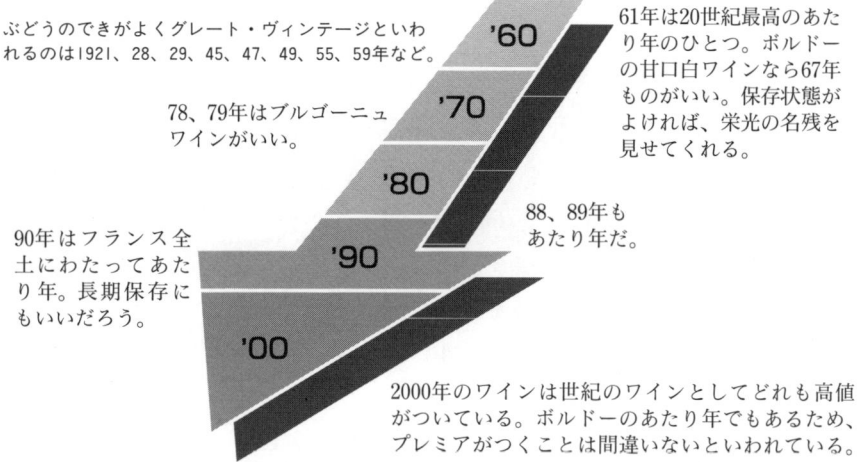

ワインがわかってくると
知識を披露したくなるもの
だが　思い込みや知ったかぶり
をすると嫌われることも

ワインオタクにはなりたくない
美女と同席したら
ワインより美女を称えたい

ソムリエとの上手なやりとりを覚えたい人はkey word 6へ

第2章

もっとおいしく飲む秘訣

Chaco
おいしく飲むには
素敵な女性と
おいしいチーズがあれば十分だ
とはいえ、相性のいい女性であり
チーズであってほしい

堂々と、いちばん安いワインを注文しよう

今日はちょっと張り込んで、高級レストランで彼女と食事。そんなとき、高級ワインの並ぶ横文字ばかりのリストを手渡され、とまどってしまったという経験をもつ人もいるだろう。

ワインリストの書き方は店によって違うが、だいたいのパターンはある。各ワインは、ワイン名、ヴィンテージ、造り手、値段の順に書かれ、シャンパン、白ワイン、赤ワイン、ロゼワインの順に並ぶことが多い。白ワインや赤ワインが細分化されているときは、ボルドーやブルゴーニュなど有名どころのワインは特記されていることが多いから、地方の特徴を多少なりとも把握しておけば、ワイン選びにそれほど苦労はしない。

レストランのワインの値段は、お店で買うときよりも数段高くなる。メインは料理なのだから、料理の半値くらいのワインがちょうどいいと僕は思う。堂々とリストの一番下にある安いワインを注文しよう。

あまりワインの知識がなければ、ソムリエに相談するのがいちばんだ。頼んだ料理、甘口・辛口などの好みを告げると、いくつか選んでくれるので、そのなかから予算に合ったものを選べばいい。

グラスワインとハウスワインは同じこと

飲みきれる量を注文しよう

ふつう、２人で飲むなら750mℓのボトル１本がちょうどいい。メインの料理に合わせて、赤か白のどちらかを注文すれば十分だ。

１種類で物足りないときは、前菜に合わせてシャンパンや白ワインをグラスで注文し、それからボトルを頼めばいいと思う。あまりお酒に強くないなら、すべてグラスワインで注文するのもひとつの方法だ。勉強のためにも、ワイン名を聞いておくといい。自分の好みがわかってくるし、気に入ったら、次の機会にボトルで頼めばいい。

ちなみにグラスワインを４杯くらい飲むなら、ボトルで頼んだほうが安上がりだと思う。

ワインリストは多様、ソムリエに相談して選ぶ

自分で頼むのもいいが、ソムリエと上手くやりとりをしてワインを決めるのも、じつにスマートだ。
かっこつけて場違いなワインを選ぶより、好みを伝えてソムリエの意見を聞くほうが、こなれた感じがする。
リラックスして気軽に相談しよう。

ワインリストを
お持ちしました
WINE LIST

Wine List

〈*BORDEAUX ROUGE*〉ボルドー赤ワイン

1999　Ch.Latour　(Pauillac)　￥55000

1999　Ch.Mouton Rothschild　(Pauillac)　￥54000

ワイン名
日本語表記のない店もある。好きなワイン名だけでも覚えておくと、注文するときに役立つ。

地区名・村名
地方ごとの分類が、さらに細分化される場合に表記される。お気に入りの地区を覚えておくと便利だ。

値段
ソムリエに予算を伝えるときは、ワインリストにある希望の値段を指差すとスマートだ。

〈*BOURGOGNE BLANC*〉ブルゴーニュ白ワイン

2000　Meursault Charmes　(Louis-Latour)　￥8500

2000　Montrachet　(Domaine Ramonet)　￥40000

ヴィンテージ
NV（Non Vintage）の表示があるものは、異なる収穫年のぶどうをブレンドしたワイン。

造り手
同じ名前のワインがある場合、造り手の名前も記載されている場合がある。

ボトル１本―フルボトル（750mℓ）…グラス約６杯分
　　　　　　ハーフボトル（325mℓ）…グラス約３杯分

白から赤
軽いワインから重いワインへ

レストランやワインパーティなどで、違うタイプのワインを二本以上飲むときは、料理とのかねあいはもちろん、飲む順番を考えよう。むやみに飲んでしまうと、そのワインのもつほんとうのおいしさを味わえないことがあるのだ。

飲む順番は、下のコラムにまとめてあるように、白ワインから赤ワイン、軽い味のワインから重い味のワイン、辛口ワインから甘口ワインという具合だ。全体的にいえば、さわやかな舌ざわりのものから、濃い味のものへと飲んでいくことになる。

これとは逆のことをすると、たとえば重いワインの次に軽いワインや若いワインを飲んだとき、両者の落差をより大きく感じ、とてもうすっぺらな味に思えてしまう。甘口ワインのあとに辛口ワインを飲むと、必要以上に辛く感じて、ふくよかな香りが失せてしまう。

ワインは、タイプごとにそれぞれ異なる味わいがある。がぶ飲み用のワインならともかく、ある程度のものであれば、飲む順番にも気を配り、そのワインのおいしさを十分に堪能したい。

例外のない
決まりは
ないよね

順番はあくまで基本、自分なりでいい

- 白 → 赤
- 辛口 → 甘口
- 軽い → 重い
- 若い → 熟成
- 並 → 上

僕はあまりお酒に強くない。ずらりと並んだワインをすべておいしく味わいたくても、だいたい、途中から酔ってわけがわからなくなってしまう。

今日はこれを味わいたいと思うワインがあれば、まずそれを飲んでしまうのが僕流だ。

とはいっても、左の基本を知ったうえで自分流に飲むことをおすすめする。

ホスト・テイスティングで確かめる

レストランでは、目の前で抜栓してくれ、少量のワインを注いでくれる。あなたは、香り、味などの品質の確認をする。これをホスト・テイスティングという。慣れていないと、なんとなく照れくさいものだが、おくせず、堂々とふるまおう。

1．ラベルをチェック
頼んだものと違いはないか、確認する。

2．コルクの状態をみる
高級ワインだとワイン名や収穫年の印がある。

3．テイスティングする
色、香り、味に異常がないか確認する。
それぞれのチェックの詳細はkey word 10、11、12へ

コルクのにおい
コルクのにおいの判断はむずかしいうえ、いい香りがするわけではない。それよりもワインの香りを楽しもう。

4．ソムリエにOKをだす
本来の味なのか、変質した味なのかわからないときは、ソムリエに判断してもらおう。コルクのカビや、赤ワインの沈殿物は少量なら心配ない。

飲む直前の温度調節で ワインはおいしくもまずくもなる

いくら高価ないいワインでも、飲むときの温度によっては、そのよさを損なってしまうことがある。ワインには、飲むときの適温があるのだ。

よくいわれるのは、「赤ワインは室温、白ワインは冷やす」。ただし、赤ワインの室温とは、あくまでフランスでの話だから、十五〜十八度くらいと考えたい。温度が高いと、フルーティさが失われてまずくなるので、絶対に避けたい。だから気候がフランスより暖かい日本では、赤ワインでも室温ではなく、少し冷やしたくらいがちょうどいいのだ（下のコラムを参照してほしい）。

白ワインは、赤ワインよりもさらに適温が低い。冷やしたほうが酸味が引き締まり、フレッシュな味わいが増す。ただし、高級な白ワインは、あまり冷やしすぎると味わいがうすれるので注意してほしい。

ワインを冷やすときは、氷と水をバケツに入れたワインクーラーでも冷蔵庫でもかまわない。ワインクーラーだと、室温から希望のワインの温度を引いた数字だけ冷やすとちょうどいい（室温二十五度－希望の温度十四度＝十一度、つまり十一分間冷やせばよいというわけだ）。

いいワインは冷やすときも注意しよう

冷凍庫にいれてはいけない

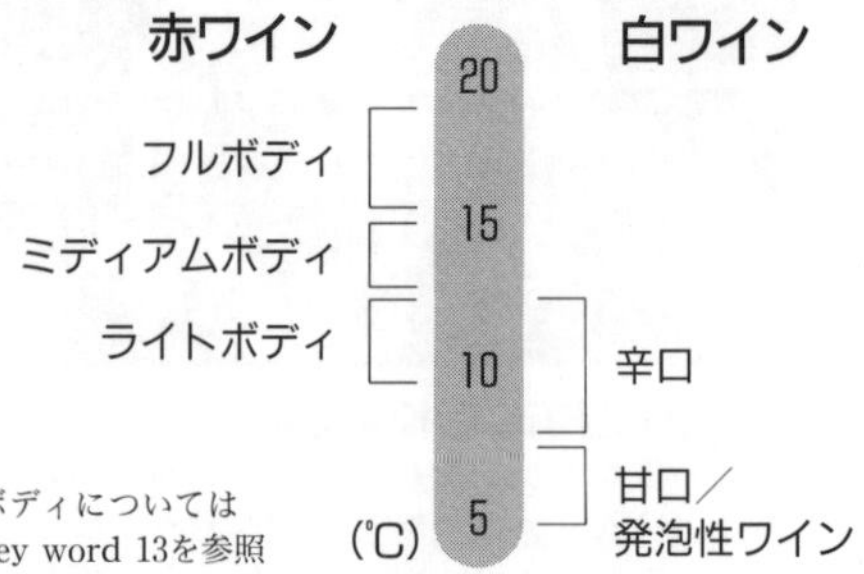
赤ワイン
白ワイン
20
15
10
5
(℃)
フルボディ
ミディアムボディ
ライトボディ
辛口
甘口／発泡性ワイン

ボディについてはkey word 13を参照

ワインを冷やすとき、冷凍庫は禁物だ。急激な温度変化がワインの味をこわしてしまうからだ。

冷やす適温は、ワインのタイプによってちがう。自分の飲もうとしているワインをよく理解して冷やすようにしよう。

抜栓のタイミングでも変わるワインの味

赤ワインは、飲む30分から１時間くらい前に栓を抜き、空気に触れさせるといい。タンニンや香り成分がゆっくりと目覚め、味わいがまろやかになる。
ただし、熟成したワインは、長時間空気に触れると風味が衰えることがある。微妙な芳香を味わうには飲む直前に抜栓したい。

それ……
抜栓しておいて
くれないか

最初にメイン用のワインも注文し、抜栓してもらおう。前菜からメインまでの時間でちょうどワインも目覚める。

若いワインや辛口白ワインにはあまり関係ない。抜栓直後のフレッシュさを楽しもう。

デカンタージュで赤ワインの澱《おり》をとる

高級赤ワインほどみられる、成分の結晶「澱」。飲む数日前からボトルを立てておくと底に沈むので、静かに注げばグラスに入らない。大量ならデカンタージュするといい。澱の沈んだワインを別の容器に静かに移し、澱が入る寸前で止めるのだ。ただし、香りを立たせる効果もある反面、風味も早くとぶ。必要かどうか考えてからにしよう。

透きとおった
ガラスのなかで
輝くワインは
とても美しいわ

ボトルからデカンタに移し…

デカンタージュに使うガラス製の容器をデカンタという

ジョボボボ

デカンタからグラスへ

グラスがかわると味も変わる

ワインの本当のおいしさを味わいたいなら、ありあわせのコップやマグカップ、ましてや紙コップなどで間に合わせず、ワイン用とされているグラスを、きちんと用意しよう。

ワイングラスにもいろいろあるが、基本的には、無色透明でチューリップ型をしているものを選びたい。色がついていると、そのワインの色の特徴がわからなくなる。飲み口部分がすぼまったチューリップ型は、ワインの芳香がグラス内に残り、複雑な香りを楽しむことができる。グラスをもつ部分（ステム）には、ある程度の長さがほしい。ブランデーグラスのように、ステムが短く、手で包んで飲むようなタイプだと、ワインが手のぬくもりで温まり、味が変化してしまうからだ。

一方、シャンパンなどの発泡性ワインには、細長いタイプ（フルート型）と口が広くステムの短いタイプ（ソーサー型）がある。フルートタイプは泡が消えにくく、香りもよく保てるのだが、注ぐのに時間がかかるほか、飲み干すとき、あごを上げなくてはならない。だから首のしわが気になるご婦人には、向かないのだとか……。

割れにくい
百円ショップの
グラスでもいい

代表的なワイングラス

リーデル　オーストリアのリーデル社製。ワイングラスのパイオニアにして王様。ぶどうの品種別だけで30以上のグラスがそろう。きわめてうすいグラスなので、割れやすい。

ディーバ　ドイツのショット・ツヴィーゼル社製。コストパフォーマンスが高い。セットでまとめて買ってもいい。

バカラ　フランスの有名ブランド。プレーンなグラスもあるが装飾されたグラスがすばらしい。ただし、高級品。

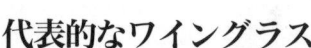

ワインの特徴を引き出すグラス

ワインごとに、その味わいをいっそう引き立てるグラスの形状がある。その数は何十種類にも及ぶ。いくつか使い比べてみると、グラスによる味わいの差に驚くだろう。グラスはうすいほど、ワインの味を邪魔しない。また、飲むときに鼻先がグラス内に入ると、香りも同時に吸い込めていい。

ボルドー型
内側にカーブしたグラスからは、徐々に香りが立ち、長時間香りを逃がさない。長期熟成タイプのワインに最適。冷やして飲む白ワインには、小ぶりなグラスがいい。

ブルゴーニュ型
胴の部分の膨らんだグラスは､香りが素早く立ち上り充満する。ふちが外側にカーブしたものは、口をつけたとき、舌先にワインがあたり甘味を強調する。酸味の目立つワインに向く。

発泡性（スパークリング）ワイン

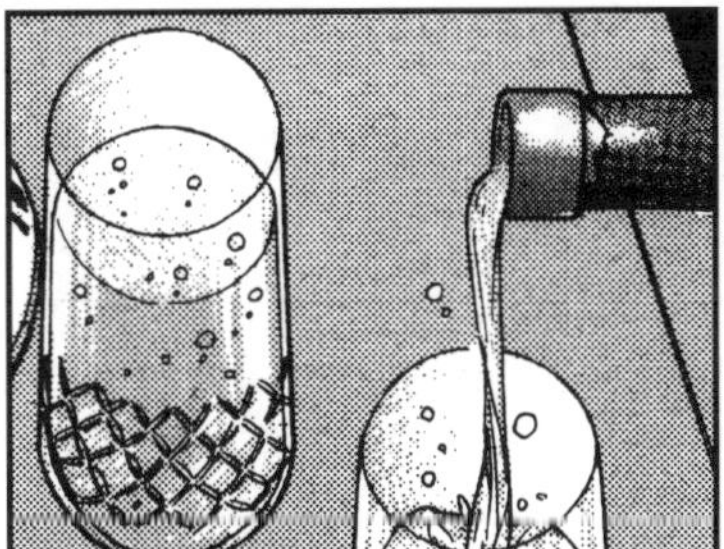

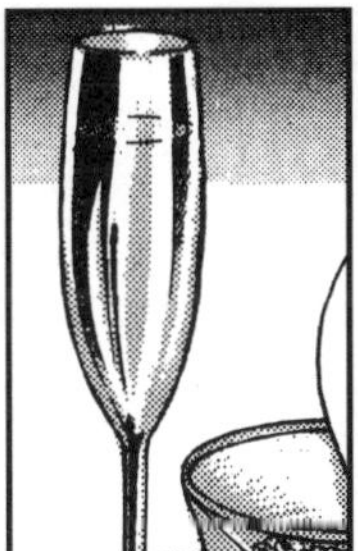

フルート型
立ち上る泡をゆっくり鑑賞できる

底が鋭角なのは、きれいに泡を立たせるための工夫

ソーサー型
一気に飲めるので、パーティでよく使われる

濁りのない透きとおっているものを選ぶ

ワインをグラスに注いだら、すぐに飲まず、まずはその色をみてみよう。できれば太陽光、そうでなければテーブルクロスなどの白いものを背景にして、白熱灯の下で、色を観察する。

赤ワインでも白ワインでも、明るく透きとおっているのがよいワインだ。もし濁っているようなら、ダメなワインと考えていい。ワインのなかに浮遊物があっても、ワイン自体が透明なら問題ない。浮遊物は、タンニンや酵母菌などの〝澱〟で、高級ワインほど、この澱が多い。

赤ワインの色は、同じ赤でも種類によってそれぞれ微妙に違っている。一般に、若いワインは紫がかった明るい赤で、熟成が長いものほど、色が濃くなる。白ワインの場合は、若いものは緑がかっているが、飲み頃のものは黄金色をしている。

色を見たら、グラスを軽く回して、グラスの内側を伝わったしずくが、どのように落ちるかをみてみよう。このしずくは、ワインの〝脚〟とか〝涙〟といわれている。一般に、脚がさらりとすぐに落ちるものより、ゆったりと落ちる粘り気のあるもののほうが、良質のワインだ。

たまには
いつもと違う
ワインもいい

僕が銘柄品にこだわるわけ

近年のワインブームも手伝って、ワインの価格は手ごろになり、高級ワインをありがたがる風潮はなくなってきた。僕も、普段気軽に飲めるワインがふえてくれるのはとてもうれしい。だが、僕は高級ワインも数多く飲んでいる。

極上の音楽を聴き、よい書物を読むから、よい音楽やよい書物がわかるのだと僕は考えている。ワインも同じことで、最上のものを飲んでこそ、よいワインかどうかわかってくるのではないか。

ごくまれに、何回分かのワインを買うのをぐっとこらえて、ちょっと高級なワインを試すのも、舌の勉強になるし、素敵な体験だと思う。

おいしいものほど色艶が優れている

明るく、澄んでいるものか、濁りはどうかをみるのは初心者にはなかなかむずかしい。そこですすめたいのが、いくつかのワインを見比べてみることだ。違いがわかりやすい。褐色になったものは避けたほうがいい。

赤ワイン（若い ↕ 熟成）
- 紫っぽい赤色
- ルビー色
- レンガ色

一般に産地が北のものは色が薄く、南になるほど濃くなる。

白ワイン（若い ↕ 熟成）
- 緑っぽい白色
- 麦わら色
- 黄金色

糖度の高い貴腐ワインはもともと色が濃い。多少褐色がかってもおいしく飲めるものもある。

ロゼワイン（若い ↕ 熟成）
- 桜色、オレンジ色
- 桃色
- 濃い桃色

熟成させて飲むタイプではない。明るいオレンジ色やピンク色のうちに楽しもう。

発泡性ワイン

シャンパンなど発泡性ワインの場合は色よりも、気泡に注目しよう。時間がたっても細かい泡が立ち上りつづけるものがいい。

ワインの粘度をみる

ルビー色の グラデーションが まるで オーロラのように 美しいね
ゆっくりとした 流れは 粘り気のある証拠だ 柔らかさや 甘味が強く まろやかだよ

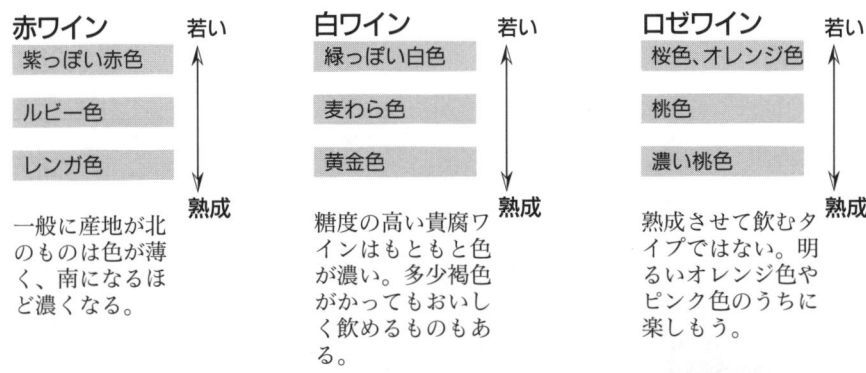

香りはワインの楽しみを倍加する

僕にとっては、ワインの楽しみを十割とすると、香りが四割、味わいが五割、余韻が一割くらいの配分だ。一万円のワインなら、四〇〇〇円くらいの価値が香りにあると思う。よいワインを手にいれたら、その芳香もぜひ感じ取ってみてほしい。

まず、グラスに四分の一ほどワインを注ぐ。そしてグラスを鼻に近づけて、香りをかごう。このときの香りを、〝アロマ〟という。アロマは、原料となるぶどう自体の香りだ。次にグラスを軽く回して（スワーリングという）空気と触れさせて、もう一回香りをかぐ。このときの香りは〝ブーケ〟といい、熟成によって生まれてきたもの。

香りをかぐとき、かぎ分けようなどと、長く鼻を近づけているのはよくない。鼻がマヒして、かえって香りの特徴をつかみにくい。さっと香りをかいだときの、第一印象を大事にしたいものだ。一口飲んだときの香りの印象もまた、しっかりと覚えておきたい。

ちなみに、カビのようなにおいや、焦げたようなにおい、酢のようなにおいがしたら、それは保存や管理状態の悪いダメなワインだ。

においにも
敏感で
いたいよね

スグリ、なめし皮、猫のおしっこ……!?

赤ワインの香りは、山スグリ、木イチゴ、くわの実、すみれ、野バラ、ピーマン、シナモン、カカオなど、いろいろな表現がされている。一般に食品や植物にたとえられることが多いが、なかには、野獣の肉やなめし皮、さらには猫のおしっこなど、「うん？」と思ってしまうようなものもある。

白ワインに対しても、じゃこう猫など、日本人にはわかりにくい表現がつかわれることがある。

慣用的な表現にまどわされることはない。どのような香りに似ているか、自分なりに表現してみればいいのだ。

グラスを回して2つの香りを知る

ジョボ ジョボ
ジョボジョボジョボ

うーん ゴージャスで しっかり してる

エキゾチックで 官能的だわ

アロマ
注いだばかりのグラスに鼻を近づける(グラス内に鼻を入れてしまうといい)。この香りをアロマという。

ブーケ
グラスを数回回し（これをスワーリングという）空気と触れさせると、熟成していたワインが目覚める。この２つ目の香りがブーケだ。

回し すぎないでね

スワーリングをしすぎると香りが失われる。数回で十分。何度も繰り返したり、ぐるんぐるん回すのは論外だ。

うん ラズベリーに すみれ ヴァニラの香りも してくるわ

五感をフルに活かして五つの要素を味わう

ワインの色と香りを確かめたら、いよいよ舌とのどで味わってみよう。

ワインの味は、「甘味」「酸味」「渋味・苦味」「アルコール度」の五つの要素で決まる。ワイン独特の味わいやのどごしは、この五つの要素の微妙なバランスによって成り立っているのだ。

かつては、甘味は舌の先、酸味は舌の側面、苦味は舌の奥で感じるといわれていたが、現在ではそのような区分けは疑問視されている。ワインを少量口に含んだら、舌の上でころがすようにして、舌全体で味を確かめてみる。その後、ゆっくりと飲み込み、そのときののどごしや、飲んだ後にどのような風味があるかをみてみよう。

ワインの種類によっては、渋味が強いと感じることがあるかもしれない。一般に日本人は、ぶどうに含まれるタンニンによるこの渋味が苦手なようだ。だから最初は、白ワインや比較的渋味の少ない、ブルゴーニュの赤ワインから始めるほうがいいかもしれない。しかしワインを飲みなれてくると、ボルドーの赤ワインのような、渋味が強くて重いタイプのよさがだんだんとわかってくるものだ。

口をすぼめて空気を吸い、含んだワインと混ぜ合わせると味がよくわかる。ただし下品な音がでるのでお店ではしないように。

醸造家の連中は、口に含んだら飲まずに足元の地面にピューッと吐きだしていた。酔っ払うからだ。

違いがわかるともっと楽しくなる

甘味

ぶどう糖は、発酵時にアルコールに変化していく。発酵後に残るぶどう糖がワインの甘さを決めるのだ。
赤ワインは原則として完全発酵させるため、ぶどう糖の甘味はあまりない。アルコールやグリセリンが甘さを感じさせる。

酸味

酸味は舌を湿らせる効果があり、酸味が強すぎると水っぽくぼけた感じになる。弱すぎると旨みが感じられず、しまりのないワインになる。

渋味

渋味や苦味はタンニンともいう。酸味と反対に舌を乾かす働きがある。ぶどうの果皮や種子、茎から抽出される。日差しの強い南フランス産の赤ワインはタンニンが強い傾向にある。

アルコール度

日差しの強い地域のワインほどアルコール度が高く、コクや甘味を感じる。だが、度数がワインの質を決めるのではない。

子供のころは苦手でも、大人になるにつれ、苦味のある野菜や味つけが好きになった人もいるだろう。味覚は変化するのだ。ワインも最初は甘いタイプを好む人が多い。が、慣れるにしたがって味覚が開発され、渋味がたまらなくなる。

んー おいしい
渋味と酸味のバランスが抜群ね

ずいぶんとタニック※なワインだわ

※タニック……渋味、苦味の成分であるタンニンが多く含まれていることをいう

ワインの味を表現する決まり文句を覚える

ワインの全体的な味わいを評するとき、「きめが細かく、バランスのよいフルボディ」といった言い方をする。

このフルボディとは、全体の味の濃さ、つまりコク（ボディ）を表現したもの。長期熟成タイプの濃厚な味わいのワインを、「フルボディ」という。反対にアルコール度が低く、フレッシュなタイプは「ライトボディ」で、その中間的なものは、「ミディアムボディ」。

バランスとは、酸味や渋味の調和のことだ。バランスがとれていれば、舌にまろやかに感じる。酸味が強すぎたり、渋味がかなり気になるようなら、バランスがよくない悪いワインだ。

ワインを評価するとき、もうひとつ大切なのが、きめの細かさだ。ワインの構成成分が細かくて、なめらかな舌触りがあるものは、きめが細かい良質のワインである。

白ワインなら「切れ味」、赤ワインなら「のどごし」も評価されるし、飲み込んだ後の余韻も大切だ。口のなかに長く風味が残る、余韻の長いものほど、よいワインと評価される。

これはおいしいワインですね
しっかりしたボディとビロードのような舌ざわり余韻もとても長いです

ワインを評価する、さまになる一言

ボディ
口に含んだときのワインの重量感を表す。濃さと言い換えてもいい。糖分やアルコール度が高いほど、重く感じる。
重みの強いフルボディのワインは「力強い」「男性的な」「厚みのある」と表現する。ライトでも心地よく感じるものは「軽やかな」と表現される。

熟成
熟成で生まれる丸みや、まとまり感をいう。
飲み頃になりまろやかなものを「頂点に達している」、もう少し熟成を要するものを「若いワイン」、熟成させすぎたものを「ピークをすぎた」「色あせている」という。

切れ味
辛口白ワインやシャンパンのすっきり感を「鋭い切れ味」などと表現する。

のどごし
飲み込む際のなめらかな感覚。赤や甘口白ワインを評価するときにつかう。

後味・余韻
飲んだ後、口のなかに残る風味。若いワインは余韻が短く、熟成されたよいワインは後味がよく、余韻が長い。

きめ
舌に感じるワインのなめらかさをいうときにつかう。
粒子が細かく舌の上を滑るほどいい。きめの細かい極上ワインは「ビロード(ベルベット)」や「レース」にたとえられる。

バランス
key word 12で紹介した4つの味のバランスのことをいう。
どの成分もほどよく含まれると、まろやかに感じる。
バランスのいいワインは「洗練された」「気品のある」などといわれる。

同時に何本か飲むと違いがわかるようになる

最初のうちは、そのワインのボディや香りの特徴が、なかなか把握しにくいもの。そこでおすすめしたいのは、一本だけでなく、何本か同時に飲んでみることだ。ぶどうの品種が違うワイン、産地が違うワイン、ヴィンテージの違う同じワインなどを飲み比べてみると、一本だけでは漠然としか感じられない特徴が、はっきりとわかってくる。

たとえばボルドーとブルゴーニュを並べて飲んでみると、「なるほどこのように違うのか」と、うなずけるはずだ。

飲み比べのときに注意したいのは、同じくらいの値段のワインを選ぶことだ。初心者なら、二〇〇〇円前後のものがいいだろう。

飲み比べをしたら、味や香りを忘れてしまう前に、メモしておくようにするといい。ソムリエなどのプロやワイン愛好家は、色や香り、味などを自分で評価した、〝テイスティングノート〟をつけて、膨大な種類のワインを覚え込んでいく。

ワインの違いが少しずつわかってくると、ワインの面白さにはまりこむこと請け合いだ。

僕も
月に一度は
参加するよ

ワイン会に参加するといろいろ飲める

自分1人でいろいろなワインを飲み比べるのは、懐具合にも影響するから、そう簡単ではない。そこでワイン愛好会やワイン関係の企業や団体、ワインに力を入れている酒店、デパートなどが催している、ワインの試飲会に参加してみるのもいい。

参加費はかかるが、いろいろなワインを少しずつ味わえるし、それぞれのワインの説明もしてもらえるのでお得だ。なかには、なかなか手に入らないワインの試飲をしていることもある。

いつどこで催されているかは、インターネットで調べたり、ワイン専門店などで聞いてみるといいだろう。

テーマを決めて飲み比べる

まずは、同じ値段のフランスワインで、赤と白の飲み比べからはじめるといい。赤と白の違いは色だけではない。香りやのどごしの違いも気にしながら飲んでみよう。

慣れてきたら、種類をふやしていく。１回につき８本くらいまでなら、だれでも個々の味を比較できるようになる。

以下に飲み比べのテーマを紹介しておく。

飲み比べ１
ボディの異なる赤ワインをそろえて、テイスティングする
（ボディはラベルをみるか、わからなければ店員に聞こう）
例　ライトボディ、ミディアムボディ、フルボディの３本

飲み比べ２
同じ収穫年で、産地の異なる赤ワインをそろえてテイスティングする
（＝水平テイスティング）
例　ボルドー、ブルゴーニュ、ローヌ、の３本

飲み比べ３
同じブランドで、異なる収穫年の赤ワインをテイスティングする
（＝垂直テイスティング）
例　シャトー○○の00年、97年、95年の３本
（懐に余裕があれば、年代ものと飲み比べたい）

ほかに、ぶどうの品種ごとに飲み比べるのもいい（アルザスはラベルに品種が記される）。

同じ名前のワインで、異なる生産者のワインを飲み比べる（特にブルゴーニュがいい）のも、意外なほど違いがわかる。

仲間同士でもち寄るといい

１本のボトルで最大15人まで(1人50mℓ）試飲できる。人数を集めれば、その分だけ、多くの種類を試せるし、金銭的な負担も少なくなる。テーマに合わせて、各自もち寄って飲むのも楽しい。

グラスに３分の１以上注ぐと、香りがうまく立ち上らないので、注意しよう。また、違うワインを試すときは、グラスをかえるか洗うかしないと、微妙な差がわからない。

key word 15 買い方

ボトルのなかでも変化する管理のしっかりしたところで買う

手ごろな価格の、気軽に飲めるワインなら、どこで買ってもそれほど問題はないが、多少高価なワインを手に入れようとするときは、購入する店選びにも留意したい。ワインはボトルのなかでもゆっくりと熟成している。保存や管理のよくない店で買うと、本来の味が損なわれている可能性があるのだ。

よく知られているように、ワインは横に寝かせて保存するのが基本だ。これには、コルクを湿らせて膨張させ、微生物などの侵入を防ぐ目的がある。いいワインなのに、立てて陳列し、しかも回転の悪そうな店は、避けたほうがいいだろう。

いちばん確かなのは、ワインセラー（貯蔵室）をもつワイン専門店で購入することだ。ワインを保存するには、十～十四度の温度、七〇％の湿度が理想的。また、ワインを劣化させる蛍光灯や太陽光、振動などは、できるだけ避けたい。こうした保存のための最適な環境に調整してあるのが、ワインセラーなのだ。ワイン専門店ならまず間違いはないし、ワイン選びの相談にものってくれる。ぜひ利用したい。

ボトルの肩下に液面があるのは古すぎかも

キャップシールやラベルを調べてみる

キャップシールやラベルが破れていたり、汚れているものは、乱雑に扱われていたのかもしれない。避けたほうが無難だ。

キャップシールは、回るかどうかもチェックしてみよう。回らないものは、ワインがコルクからしみだして、固まってしまった可能性があるのだ。ただし、最初から回らないようにしてあるワインもあるので、参考程度に……。

液面が低い、つまりワインの量が少ないものも要注意だ。かなりの年代ものなら、長い年月の間に量が減ってしまうが、そうでないのに少ないのは、よい状態とはけっしていえない。

失敗しないワインの購入方法

専門店で買う

なによりのメリットは知識の豊富な店員がいることだ。予算、好み、飲む時期、飲む人等々注文をつけるほど、ぴったりなワインを選んでくれる。手ごろなワインから高級ワインまでそろう。

十万円前後のワインは五大シャトー※ものや年代ものがいくつかございます

オークションで買う

海外旅行のついでに、オークションに参加するのも楽しい。多くはケースごと売りにでている。自宅で保存できる設備がある人に向く。日本からFAXで申し込むこともできる。

※五五ページ参照

ハンマープライス
1450ポンドで
プレスティージュは
落札しました
GRISB

これはお買い得だ

インターネットで買う

品ぞろえが専門店並みで、メールや電話で詳細が聞け、自宅へ配送してくれるところがある。ただし詐欺やごまかしもあるようなので、身元のしっかりしたサイトを利用したい。

製造元、発売元から直接買う

シャトーやドメーヌを訪問し直接購入する。やっていないところもある。調べてから行くようにしたい。ぶどう畑やシャトー、造り手を直接みられるのがいい。

飲んで楽しむためには演出も大切

　ワインにも、ＴＰＯがある。ワインを一緒に飲む相手や、会食の目的などによって、合うワインは違ってくるのだ。だから相手がいるときは、自分の好みを押しつけることは避け、相手のことを考えたワイン選びをする必要がある。

　たとえば恋人と一緒の食事なら、さわやかな味のシャンパンや、色合いの美しいロゼワインなどで乾杯すれば、ロマンチックなムードがいっそう高まるだろう。接待の場や、大事なお客さまと一緒なら、相手がワインをあまり知らなくても名前を知っているような高級ワインを選べば、まず満足してもらえるだろう。友人たちと気軽にワインパーティを開くのなら、あまり堅苦しくない軽めのワインで楽しみたい。

　また、食事に招かれたときの手土産にするときは、どのような料理がでるかわからないので、食前酒のスパークリングワインや食後酒の甘口白ワインなどをもっていくと無難だ。

　ワインは一人で飲むのもいいが、相手がいればもっとおいしい。お互いが、よりおいしく飲めるための演出もぜひ考えてほしい。

お店では互いに注ぎあうのではなくソムリエに任せよう。無理やりすすめるのは厳禁だ。

雰囲気に合ったものをかっこよく飲みたい

祝いごとにシャンパンは王道だ。きりっと冷やして乾杯したい。内輪で騒ぐときはボージョレや南フランスの軽い赤ワインもいい。

じゃ乾杯!
おめでとうコーサクちゃん!

かんぱーい

恋人とのディナーには、深紅の赤ワインがいい。思い出のヴィンテージなどにこだわれば、盛り上がること間違いない。

ずっと私だけをみてくださいね
もちろん…

2人の夜には、淡いピンクのシャンパンがセクシーだ。ロマンチックな時をすごそう。

魚には白、肉には赤といわれるが……

レストランなら、ソムリエに相談できるが、家庭でワインと料理の組み合わせを考えるのは、なかなかやっかいなことだろう。

一般には、「魚には白ワイン、肉には赤ワイン」といわれる。淡泊な魚の味には、赤ワインでは重すぎるし、濃厚な肉の味には白ワインが負けてしまうというわけだ。しかし料理は、素材だけで味が決まるわけではない。調理法によっては、全体がさっぱりした味にも、濃厚な味にも変わってしまう。だから素材だけで、ワインを決めるのは単純すぎる。

一方、軽い料理には軽めのワイン、重い料理には重いワインともいわれるが、これもそうとはいえない。似たような性質の料理とワインは、合わないこともあるのだ。たとえば脂の多い牛肉の煮込料理には、重いボルドーワインが合うように思えるが、実際には渋味の少ないブルゴーニュワインのほうが合う。

料理とワインの相性は、最初から決めつけずに、自分の舌を信じることだ。舌のうえで料理とワインが溶け合ったときの感覚を大事にして、相性の合う料理とワインを探してみよう。

メインは
食事だよ
飲みすぎ注意

食前酒、食後酒には……

まず、食前酒には胃を刺激して、食欲を増進させる働きがある。発泡性ワインのシャンパンなどが食前酒としてよく飲まれるが、お酒に強くない人は白ワインと炭酸ソーダを半々で割ったスプリッツァーのようなワインのカクテルがおすすめだ。

「酒は弱いものから強いものへ」という原則がある。食事の前に強い酒で酔っ払ってしまうのはみっともない。自分に合った酒を選ぶようにしたい。

一方、食後酒には宴の余韻に浸ったり、胃を落ち着かせる働きがある。ポートワインやブランデーをデザート感覚で楽しむといい。

同じ色の料理と合わせる

自分の舌を信じるようにといわれても困る人もいるだろう。マッチする料理とワインを探す簡単な方法は、互いの色を合わせることだ。まず素材の色で判断。調理法や味つけが素材の持ち味を上回るようなら、でき上がりの色で判断する。

濃い色のものには赤ワイン、薄い色のものには白ワイン、中間の色なら軽い赤や、しっかりした白を合わせる。ただしこれはあくまで目安。

素材の色と合わせる

ワインの色	肉	魚
	身の赤さが濃いほど赤ワインが合う	脂がのったものほど赤ワインが合う
赤	牛	サバ
	鹿	イワシ
	羊	カツオ
		マグロ
		エビ
		カキ
	豚	カレイ
白	鳥	ヒラメ

スパイシーな料理

スパイスがたっぷりつかわれた料理の多くには、軽めの赤ワインがいい。ちょっとスパイシーな香りのワインでも引き立てあっていい。

シャンパンに合う料理

白ワインだと生臭さが強調されるような魚介類には、後味がすっきりする発泡性のワインが合う。

料理の色と合わせる

ワインの色	揚げ物	煮物	炒・焼・蒸・茹・生
	素材の色と揚がった色を参考にしよう	煮込み終わったときの色で判断する	調理後の色とソース(味つけ)の色に注目しよう
赤		赤ワインベース	ドミグラスソース(にんにく)
	フライ(キツネ色)		チリソース（中華風）
		トマト	トマトソース
		濃い醤油味	濃い醤油ベース
	フリッター	コンソメ	オリーブ
		クリーム	
	天ぷら	薄い醤油味	レモン
			しょうが
白		和風だし	塩

ワインの最高の友 ベストマッチのチーズを探す

ワインと相性のよい料理はたくさんあるが、究極のワインの友といえるのが、チーズだ。

世界中でもっとも多くの種類のチーズを生産する国のひとつが、ワインと同じくフランス。量もさることながら、ひとつの村にひとつのチーズがあるといわれるほど多彩なチーズが造られており、その数、四〇〇種といわれている。

ワインもチーズもそれぞれ個性が豊かなだけに、組み合わせの相性がある。基本的には、相手の味に負けないよう、軽いワインには軽いチーズ、コクのあるワインには濃厚なチーズを合わせるとよい。たとえば、カマンベールなど、白カビタイプには、軽めのワインがとくに合う。風味の強いブルーチーズには、コクのある甘口白ワインがおすすめだ。

フランスでは、国が保護・保証しているチーズに、ワインと同じようにAOC(原産地統制呼称)を表示している。このこともちょっと念頭においてチーズを選び、ワインとの相性を自分の舌で確かめてみるといい。パッケージに、合うワインのタイプが表示してあるものもある。

そや! チーズもそろえとかんとあきまへんな
スティルトンとゴルゴンゾーラとロックフォール※を急きょあのカーヴにいれときましょう

※スティルトン、ゴルゴンゾーラ、ロックフォールは、世界三大ブルーチーズ(青カビチーズ)といわれる。フルボディの赤によく合う。

いいですね その時は私もそのなかに一緒にはいりたいですね

味を引き立て合うワインとチーズ

同じ土地のチーズとワイン

出身地が同じワインとチーズは合うことが多い。チーズに記された産地名とワインの産地名を見比べて、同郷のものを試してみよう。「シャンベルタンの友」なんていう、ワインのために造られたチーズまである。

フルーティな軽いワインにはフレッシュなあっさりしたチーズがおすすめ

フレッシュタイプ

クリームチーズやモッツァレラ、カッテージチーズなどがある。牛乳を固めただけで、熟成させていない。

くせがなく食べやすい。

白カビタイプ

カマンベールやブリなどがある。白カビの覆う表面から中心へ熟成がすすむ。

若いうちはくせが少ないが、完熟してとろけるころには、強い芳香を放つ。


コクのあるしっかりしたワインにはくせのある個性的なチーズがおすすめ

ウォッシュタイプ

ポン・レヴェック、キュレ・ナンテ、エポワスなどがある。塩水や酒でチーズの表面を洗うため、独特の香りをもつ。

強い芳香のわりに味わいはまろやかでコクがある。

青カビタイプ

ゴルゴンゾーラ、ロックフォール、スティルトンなどがある。青カビを植えつけたもので刺激が強く、独特の風味もある。

ごく甘口の貴腐ワインもぴったり合う。

いろいろ種類があるのね

あっさりワインもこってりワインも合わせやすいチーズ

セミハード／ハードタイプ

ゴーダやエダム、マリボー、パルミジャーノ・レッジャーノなど。プレスして水分を抜いたもの。比較的大きめで保存がきく。

山羊（シェーブル）／羊タイプ

独特の香りと、山羊乳には酸味、羊乳には甘味が感じられる。熟成するとコクがあり、まったりとする。

タンニンが強い

フルボディ ↔ ミディアムボディ ↔ ライトボディ

ボルドー
ボルドーらしいといわれるのはタンニンが強く、ずっしり重いタイプだ。
ボルドーのなかでもサン・テミリオン地区やポムロール地区は比較的タンニンが荒々しくない。

ローヌ
豊満でグラマラスという言葉がぴったりくるローヌ。軽いワインもあるが、力強くアルコール度の高いワインが有名だ。
ローヌの秀逸なワインはボルドー1級並みの深みやボディがある。

料理に合わせる。気分や体調に合わせる。一緒に飲む相手に合わせる。

時と場所に合わせて、ワインを選ぶためにはいろいろなワインの特徴を覚えておく必要がある。

産地やぶどう、造り手から味がイメージできるようになるのが理想だが、最初はあせらずに、地方の特徴を覚えるだけでいい。

ここで、地方ごとのワインの特徴を大まかに示しておこう。ただし、同じ地方でもまったく別のタイプのワインもある。あくまで参考までに、ということだ。

タンニンが軽い ←

フルボディ ↔ ミディアムボディ ↔ ライトボディ

ボディとは、
重量感のこと。
詳しくは
key word 13へ

ブルゴーニュ
タンニンは少なめで、ビロードのようななめらかさが特徴。
軽くはないがボルドーほどのずっしり感はない。
酸味がしっかりあるのも特徴だ。
(ボージョレを除く)

ラングドック、ルーション
コクのあるタイプから、軽いタイプまである。いずれにしても優しい風味が特徴。

プロヴァンス
気軽に飲むタイプが中心。スパイシーでタンニンの強いものも、まろやかなものもある。

ボージョレ
渋味がなく、ジュースのようなタイプが中心。ちょっと上級の村名ワインにはコクのあるしっかりタイプもある。

ロワール
赤はめずらしいが、コクのあるものから、軽いものまでさまざまある。

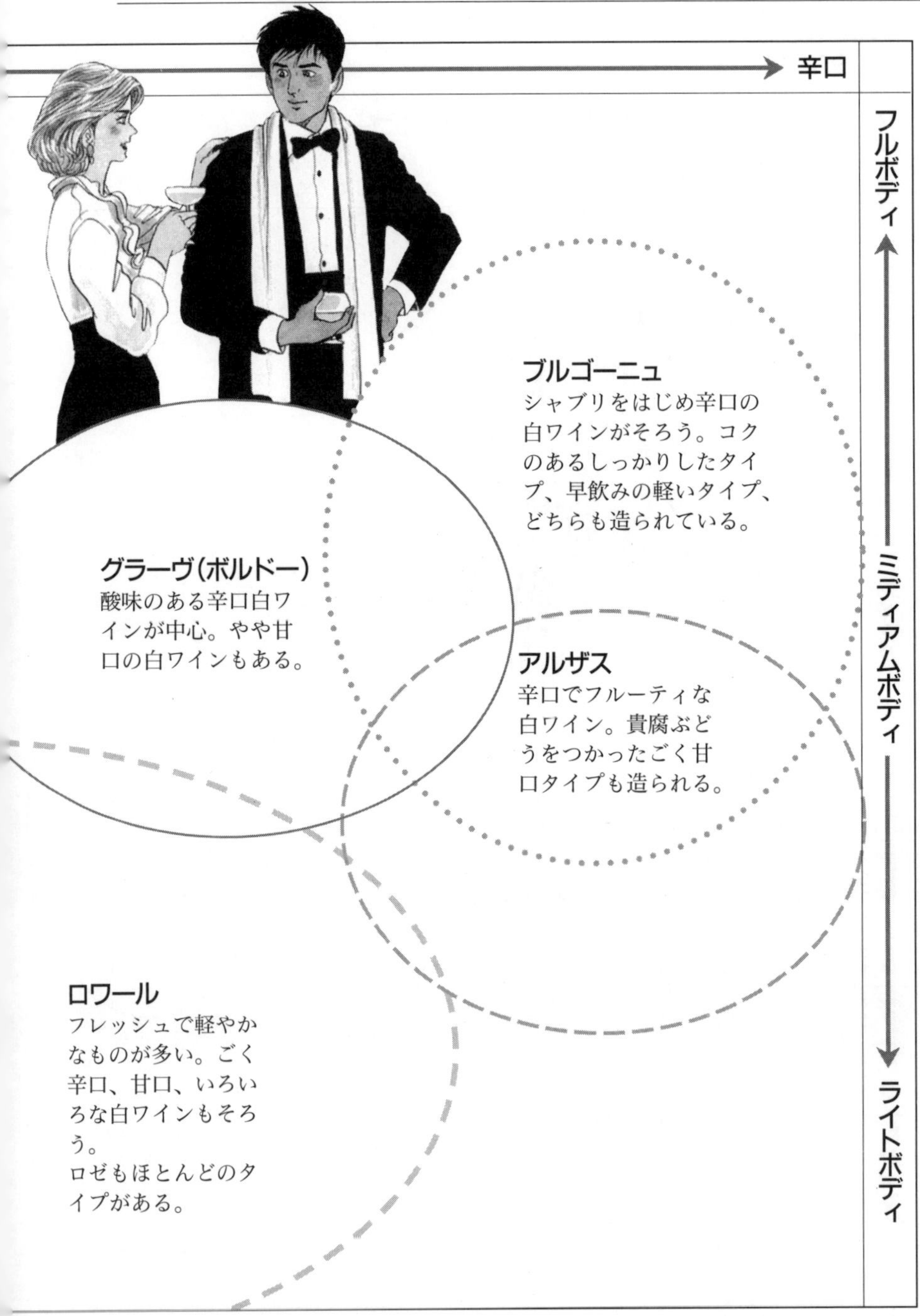
辛口
フルボディ
ミディアムボディ
ライトボディ
ブルゴーニュ
シャブリをはじめ辛口の白ワインがそろう。コクのあるしっかりしたタイプ、早飲みの軽いタイプ、どちらも造られている。
グラーヴ（ボルドー）
酸味のある辛口白ワインが中心。やや甘口の白ワインもある。
アルザス
辛口でフルーティな白ワイン。貴腐ぶどうをつかったごく甘口タイプも造られる。
ロワール
フレッシュで軽やかなものが多い。ごく辛口、甘口、いろいろな白ワインもそろう。
ロゼもほとんどのタイプがある。

甘口 ←

フルボディ ↔ ミディアムボディ ↔ ライトボディ

シャンパン
シャンパンは甘口から辛口まで、あらゆるタイプがそろっている。第5章のシャンパーニュ地方で詳しく説明する。

ソーテルヌ(ボルドー)
世界最高峰の貴腐ワインが造られる。こってりした、ごく甘口タイプだ。
わずかだが辛口タイプもある。

ラングドック、ルーション
地区ごとにさまざまなタイプの白やロゼが造られる。マスカット系の天然の甘口ワインもある。

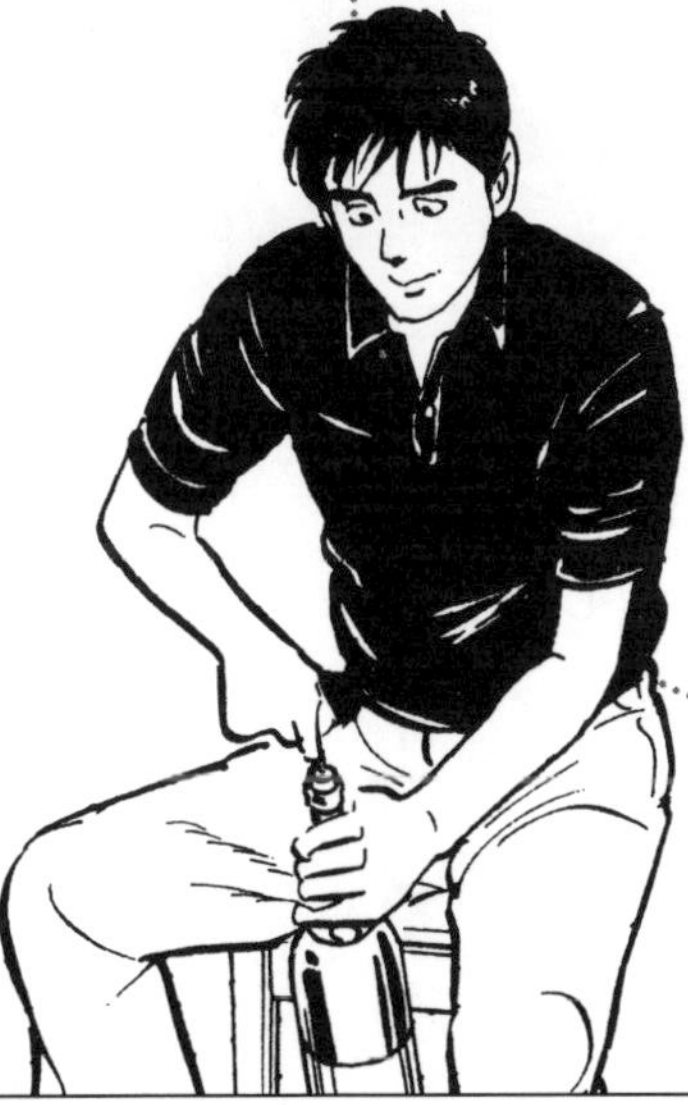

プロヴァンス
軽いものが多いが、広大な土地からあらゆるタイプの白、ロゼが造られている。辛口のロゼワインが有名。辛口の白、コクのある白もある。

1本1本のワインに
長い歴史がある
つまみになる話に
不自由しないのも
ワインの魅力

薀蓄をつまみにワインを飲む
嫌われないコツは
短く切り上げることだ

自慢にならない程度に
ワインの小ネタでアピールしたい人はkey word 27〜30へ

第3章

シャトーが造る"ワインの女王"
──ボルドー

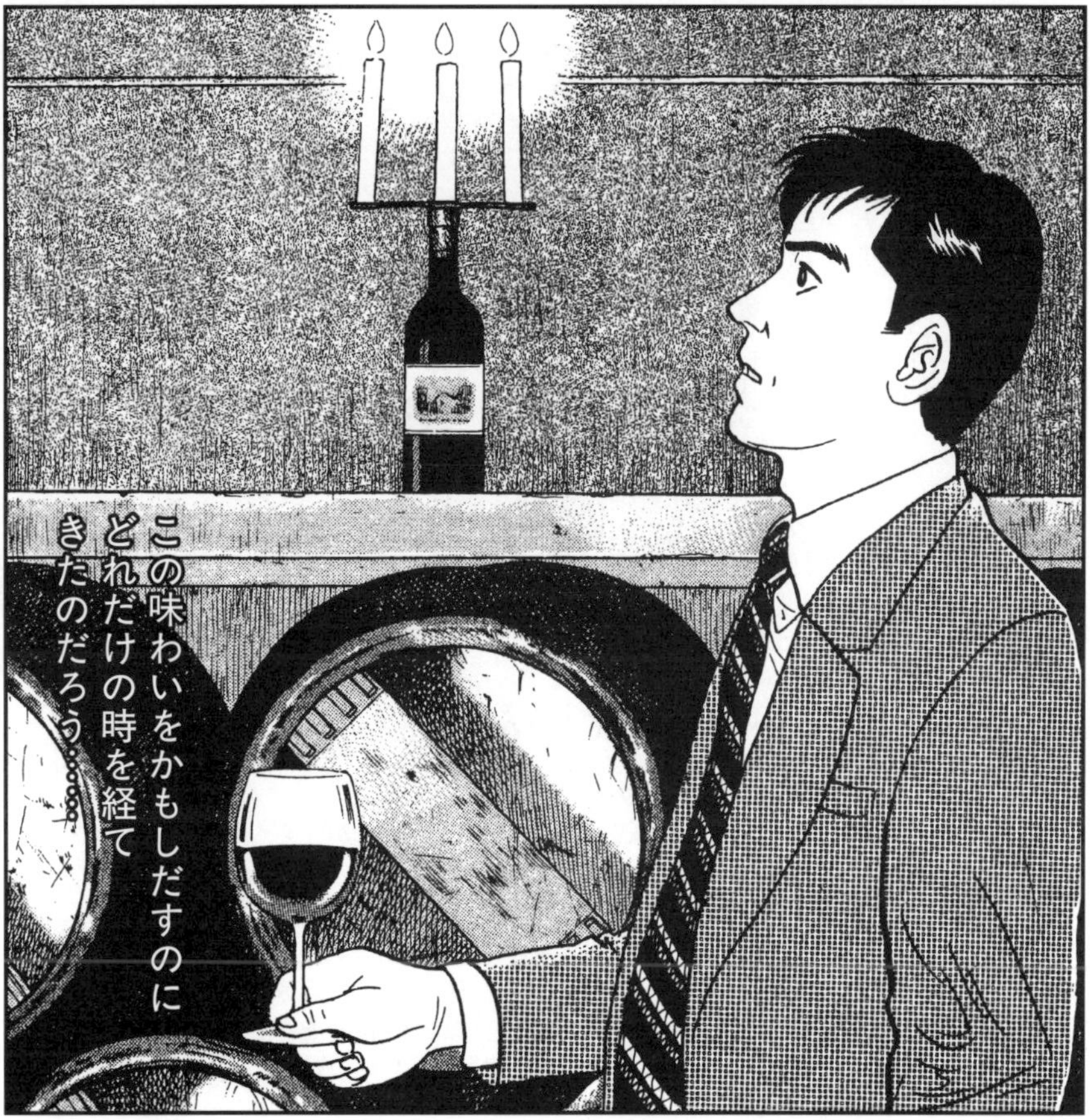
この味わいをかもしだすのに
どれだけの時を経て
きたのだろう……

key word 21 ボルドーの特徴

近代的な醸造技術が〝ワインの女王〟を生みだす

フランスのAOCワインの約三分の一を生産しているのが、フランス南西部に位置するボルドー地方だ。高級ワインの代名詞として、ブルゴーニュ地方と双璧をなす一大ワイン生産地である。

ボルドーの赤ワインは、どっしりとした濃厚な味わいをもつ。〝ワインの女王〟と称される赤ワインの芳醇な味わいは、カベルネ・ソーヴィニヨンという黒ぶどうによってもたらされている。このぶどうをベースとして、数種のぶどうをブレンドして造られるのが、ボルドーワインの特徴だ。

ボルドーでは規模の大きな生産者が多く、醸造設備や醸造法の近代化がいち早くすすめられてきた。そのことがワインの品質向上や、天候に左右されにくい均質なワイン造りにおおいに寄与し、伝統に裏打ちされた良質のワインを世界中に送りつづけてこられた要因になっている。

なおボルドーワインというと、赤ワインばかりを思い浮かべる人が多いようだが、全生産量の三分の一は白ワインだ。白ワインでもとくに有名なのが、ソーテルヌ地区で造られる貴腐ワインである。

嫁入り道具が
ワイン畑!!
うらやましい

ボルドーはイギリス領だった

ボルドーでワイン生産が始まったのは、この地にローマ人が侵入した4世紀ころ。1152年には、この地を相続した公女がイギリス国王ヘンリー2世と結婚したため、ボルドーは一時イギリス領になった。

イギリス貴族に〝クラレット〟と呼ばれて愛されたボルドーワインは、大量にイギリスに輸出されて大発展を遂げた。

1453年にフランス領に戻ってからも、富裕な両国の貴族はボルドーにぶどう園をもち、ワインに自分の邸宅（城）の名前をつけて世界に向けて出荷した。ボルドーのワイナリーがシャトーと呼ばれるようになったのは、このためだ。

伝統技術＋近代化がボルドーらしさ

赤ワイン

黒い果皮のぶどうで造る。果皮や種から色や渋味、独特の香りが生まれる。白い果皮のぶどうを加えることもある。

白ワイン

白い果皮のぶどうで造る。まれに黒い果皮のぶどう（果肉は白い）もつかうが、発酵の前に果皮を除くため色はつかない。

果汁を採取

ぶどうをつぶして果汁を採取する。赤ワインはそのまま発酵に移る。
ボルドーワインは数種のぶどうをミックスするため、その割合が重要だ。味はシャトーの責任者とブレンダーが決める。ボルドー大学醸造科出身の専門家が助言することもある。

発酵

タンクで酵母を加えて発酵させる。ボルドーにはステンレスタンクをつかうところもある。
赤くなるのは発酵により果皮の色が抽出されるため。

圧搾

発酵液を圧搾してこす。こすまでの時間の長短によって、ワインのボディ（重口・軽口）がかわる。

後発酵

マロラチック発酵ともいい、酸が落ち着きまろやかになる。

圧搾

果汁を圧搾し、果皮や種子を取り除く。

発酵

果皮を除いたぶどうジュースを発酵させるため、色はつかない。

低温にして発酵を途中で止めると、糖分が残りやや甘口になる。完全に発酵させると辛口になる。

熟成・澱引き

上級ワインは半年から2年間ほど樽熟成させる（白ワインの場合、フルーティさを残すために樽熟成しないこともある）。熟成中にワインの底に沈む澱（沈殿物）を何度か取り除く。これが澱引きだ。ただしあえて澱引きしないこともある。

瓶詰め

ラベル・建築・醸造法・熟成法 シャトーの主張があらわれる

ボルドーといえば、なんといってもシャトーワインが有名。

シャトーとは文字どおり、城や館の意味だが、ワイン界では、ぶどう園をもち、ワインを醸造している生産者やぶどう園そのもののこと。ボルドーには、このシャトーが約八〇〇〇もある。かつてはイギリス貴族が、大規模なぶどう畑を所有し、おおぜいの人を雇い、それぞれのこだわりで高級ワインを造ってきた。いまもその伝統は引き継がれ、この地には世界中の人を魅了する超高級ワインがうなっている。

とはいえ、シャトーで造られたワインのすべてがシャトーワインというわけではない。ぶどう栽培から瓶詰めまで一貫してシャトーで造られたワインだけが、シャトーワインとしてラベルに「シャトー元詰め」と表示できる。

じつはボルドーのぶどう栽培者の八割は、瓶詰め施設をもたず、造ったぶどうやぶどうジュース、ワインなどをワイン商や組合に売っているのだ。これらのワインは、シャトーを名のることができない。「ボルドー（地域名）」「メドック（地区名）」などの名称で市場にでている。

下調べをしてからでかけよう

シャトー見学ツアーを利用する

フランスに旅行するとき、ぜひコースにいれてみたいのが、シャトー見学だ。博物館を併設しているシャトーもあり、収穫中などの繁忙期以外なら、見学を受けいれているところが多い。訪問すれば、シャトーやセラーの見学はもちろん、若いワインのテイスティングもさせてくれる。

個人で行きたい場合は、シャトーに手紙を書いたり、現地のワイン商などに予約を頼めばベストだ。ツアー旅行なら、コースに組み込まれていたり、オプションとして用意されていることもある。これらを利用すると便利だ。

ぶどうの栽培から醸造までするシャトー

五大シャトー
有名なシャトーには五大シャトーと呼ばれるシャトー・ラフィット・ロートシルト、シャトー・ムートン・ロートシルト、シャトー・ラトゥール、シャトー・マルゴー、シャトー・オー・ブリオンがある（64、66、68、70、74ページ参照）。

シャトー・マルゴー

「いいワインはいいぶどうから」
ぶどうの良し悪しが
ワインの味を決めるのです

ぶどう畑
シャトーといっても、広大な畑をもつシャトーから、猫の額ほどの畑だけで少量生産するシャトーまでさまざまある。

酸素にまったく触れない
ステンレスタンクだと
木樽の香りがつかない分
果実そのものの熟成香が
楽しめるのです

醸造室
近年のボルドーでは、ボルドー大学の醸造科で学んだ醸造家が科学的にワイン造りを指導するケースも多い。

貯蔵庫
シャトー保有の蔵で保存。樽熟成を経て、すぐ瓶詰めされるものもあれば、樽のまま数年熟成されるものもある。

高級ワインは水のほとりで誕生する

ボルドーの語源は、〝水のほとり〟を意味する言葉。その名のとおりボルドーは、川の恵みに育まれた土地だ。

ガロンヌ川とドルドーニュ川、そしてこれらが合流したジロンド川の流域に広がり、土壌は川が運んでくる土砂が堆積したもの。水はけがよく、ミネラルに富んだこの土壌がぶどうの生育に適していることが、この地方から多くの名ワインが生まれる秘密のひとつなのだ。ボルドーのワインは、川がもたらしてくれているともいえるだろう。

シャトーごとに味わいが微妙に異なるのは、地区による土壌の違いも関係している。また、大西洋の暖流による温暖な気候、そして川の影響で変化が少ないおだやかな気候も、糖度の高いよいぶどうができる格好の環境をつくっている。

なおボルドーのワインという場合、それはジロンド県産にかぎられる。ジロンド県のぶどう畑は、二十地区に分けられているが、高級ワインの生産地区としては、メドック、グラーヴ、サン・テミリオン、ポムロール、ソーテルヌなどがあげられる。

赤ワインの優良年（★印はとくに優良年）

'00★ '98 '96 '90★ '89 '86 '82★

八二年の優秀なワインが、飲み頃を迎えている。最高においしく飲めるあたり年のひとつだ。

九〇年もボルドー全域にわたってあたり年。ぶどうのできがよかった。だいたいが飲み頃になってきているはず。

二〇〇〇年のボルドーは世紀のあたり年。タンニンが多く、しっかりしているので熟成には時間を要する。将来が楽しみなヴィンテージだ。

ボルドー地方のおもな生産地

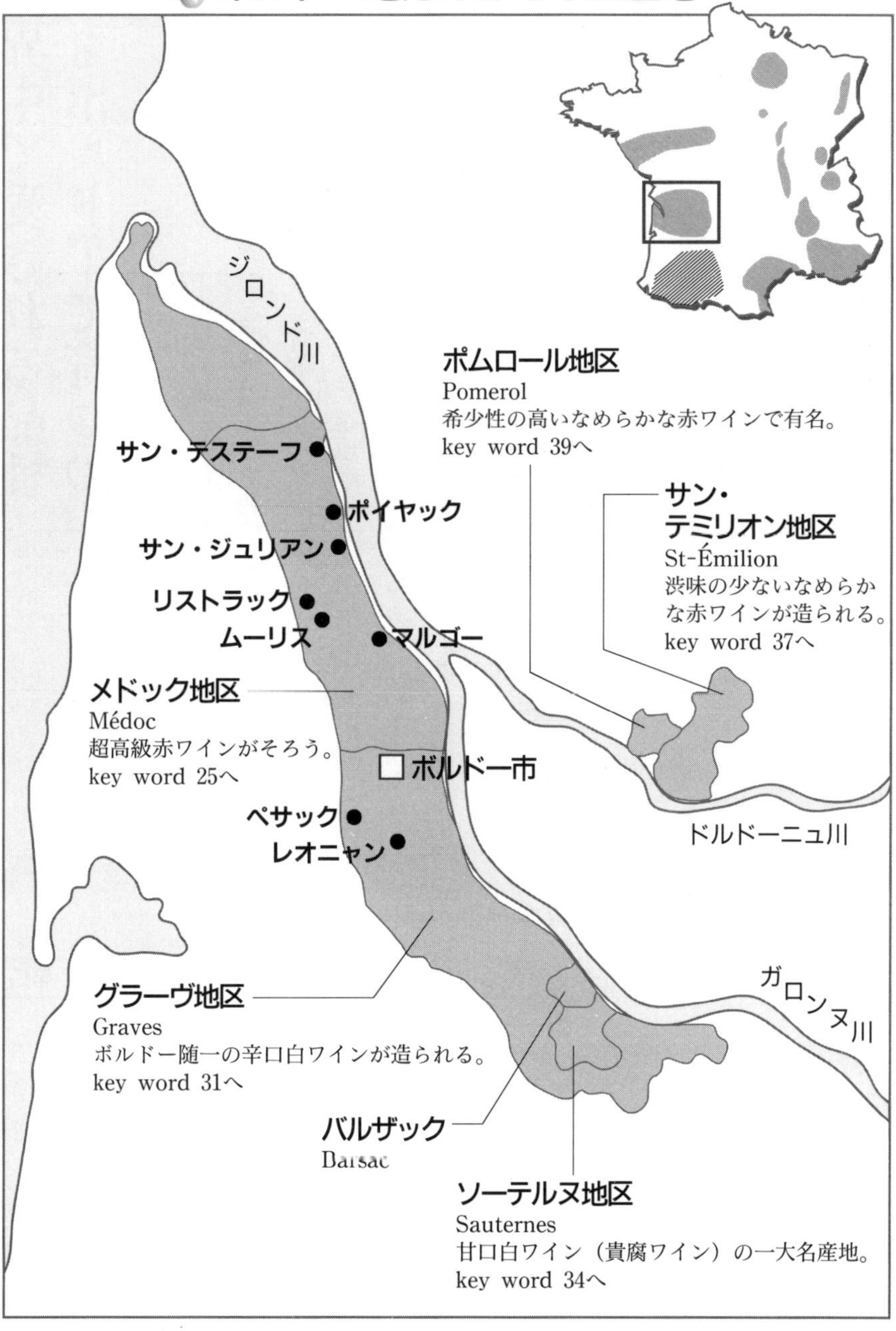

ジロンド川
ポムロール地区
Pomerol
希少性の高いなめらかな赤ワインで有名。
key word 39へ
サン・テステーフ
ポイヤック
サン・ジュリアン
リストラック
ムーリス
マルゴー
サン・
テミリオン地区
St-Émilion
渋味の少ないなめらかな赤ワインが造られる。
key word 37へ
メドック地区
Médoc
超高級赤ワインがそろう。
key word 25へ
ボルドー市
ペサック
レオニャン
ドルドーニュ川
ガロンヌ川
グラーヴ地区
Graves
ボルドー随一の辛口白ワインが造られる。
key word 31へ
バルザック
Barsac
ソーテルヌ地区
Sauternes
甘口白ワイン（貴腐ワイン）の一大名産地。
key word 34へ

世界中で愛される品種 でもボルドーで育つのがいちばん

赤ワインの原材料として理想の品種といわれ、カリフォルニアやオーストラリア、南アメリカなど、世界各地で栽培されているのが、カベルネ・ソーヴィニヨンという、青みがかった小粒の黒ぶどうだ。

世界中で栽培されているのは、原産地ボルドーの赤ワインが、世界のお手本になっているからだ。カベルネ・ソーヴィニヨンは、果皮が厚く、種には渋味の成分であるタンニンが多く含まれている。さらに適度な酸味があり、色の濃い、渋味の深いワインができる。若いころのワインは渋味がまさっているが、長期熟成させると、渋味と酸味が絶妙のハーモニーをかもしだす。

ボルドーの赤ワインは、カベルネ・ソーヴィニヨンをベースとして、カベルネ・フラン、メルロ、マルベックなど他の品種をいくつかブレンドして造られている。ブレンドの組み合わせ方や混合の割合によって、ワインの味わいは微妙に変化する。このことが、シャトーごとの個性を生みだしているのだ。ボルドーワインを飲むときは、ぶどうの品種と割合にも、ちょっと目を向けてみよう。

白ワインの優良年（★印はとくに優良年）

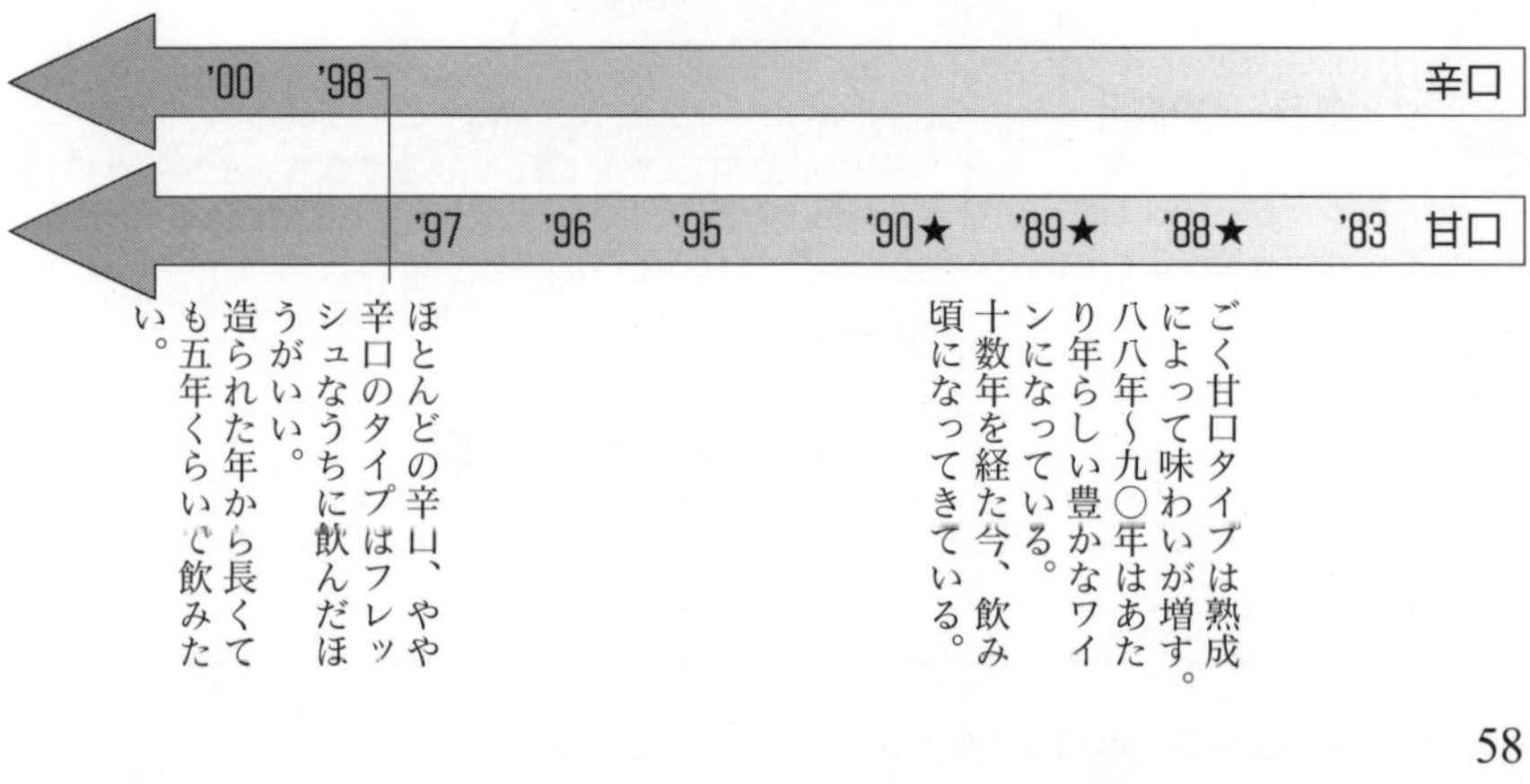
辛口
'00
'98
甘口
'97
'96
'95
'90★
'89★
'88★
'83
ごく甘口タイプは熟成によって味わいが増す。八八年〜九〇年はあたり年らしい豊かなワインになっている。十数年を経た今、飲み頃になってきている。
ほとんどの辛口、やや辛口のタイプはフレッシュなうちに飲んだほうがいい。造られた年から長くても五年くらいで飲みたい。

ブレンドにつかわれる代表品種

赤ワイン用のぶどう

カベルネ・ソーヴィニヨン
Cabernet Sauvignon
濃い青色、小粒で果汁が多い。熟すのはやや遅く、タンニンが豊富。ボルドーワインのベースである。
高級赤ワインの世界では、ブルゴーニュのピノ・ノワール種と肩を並べる。

カベルネ・フラン
Cabernet Franc
カベルネ・ソーヴィニヨンよりも粒が大きく、熟成も早め。酸味やタンニンはあまり多くなく、さわやかさが売りもの。
ブシェ Bouchet、ブレトン Bretonとも呼ばれる。

メルロ
Merlot
粒が大きく、やや早い熟成。タンニンが少なく、なによりもなめらかなのが特徴。ポムロール地区やサン・テミリオン地区の評価を上げた陰の立役者。
ボルドー地方ではもっとも多く栽培されている。

マルベック
Malbec
ブレンドにつかわれることの多い品種。長期熟成に向いている。

プティ・ヴェルド
Petit Verde
タンニンが強く、スパイシー。ボルドーではブレンドにつかわれる。

白ワイン用のぶどう

セミヨン
Sémillon
ボルドー白ワインの主要品種。とくにソーテルヌの甘口貴腐ワインを造るのには欠かせない。貴腐化しない場合は辛口ワインにもなる。

ソーヴィニヨン・ブラン
Sauvignon Blanc
セミヨンとのブレンドにより繊細で豊かなワインになる。酸味のしっかりとした辛口白ワインにもつかわれる。
key word 73参照。

ミュスカデル
Muscadelle
セミヨンやソーヴィニヨン・ブランと合わせて甘口ワインの原料となる。ブレンドにつかわれることが多い。

あっちもこっちも超大物ワインがいっぱい

ボルドー全体では、じつはメルロという品種のぶどう畑がいちばん広い。なのにボルドーの代表品種は、だれもがカベルネ・ソーヴィニヨンという。というのも、ボルドーのなかでもメドックという地区の主要品種が、カベルネだからだ。つまりはボルドーの代表が、メドック地区ということになる。それだけメドック地区は、超高級ワインがうなる偉大なワイン生産地なのだ。

ボルドー地方の大西洋側に位置するメドック地区は、海に近い低地のバ・メドックと、その南にある小高い地のオー・メドックに分かれている。メドック地区には約五十のコミューン（村）があるが、ＡＯＣとして認められているのは、サン・テステーフ、ポイヤックなど、オー・メドックの六つの村だけ。マルゴー、ラトゥール、ラフィット・ロートシルトなど、ワイン愛好家でなくてもその名が知られているシャトーは、すべてこの六つの村のなかにある。

一方、バ・メドックで生産されるワインの多くは、たんにメドックと記載されて市場にでまわる。

ボルドーといえば赤ワインだね

白ワインはメドックを名のれない

赤ワインの一大名産地のメドック地区でも、白ワインが多少造られている。

ただし、ワイン法により、いくら優良な白ワインであっても、メドックAOCを名のることができない。

白ワインは、ボルドーまたはボルドー・シュペリュールという名称で世にだされるのが決まりなのだ。

同様に、やはりボルドー地方の主要産地であるサン・テミリオン地区も、サン・テミリオンAOCは赤ワインにだけ認められ、白ワインはたんにボルドーとしか表示されない。

高級赤ワインが生まれる6つの村

メドック地区

バ・メドック Bas-Médoc

北部の低地に位置する。メドックの前についているバ（Bas）は低いという意味だ。ワインの質まで低級だとの印象を与えるため、現在ではたんにメドックと呼ばれる。砂利地、石灰質、粘土質など変化に富んだ土壌から、多様なワインが造られている。

オー・メドック Haut-Médoc

南部のやや高地にある。オーは高いという意味。北ではハードなワイン、南ではソフトで繊細なワインになる。下の6つの村がきわめて有名。

6つの村

サン・テステーフ
St-Estèphe

酸味があり、しっかりとしたワインが多い。色の濃い、長期熟成タイプだが、繊細な香りももつ。近年はメルロ種が増え、比較的しなやかなワインになってきた。土壌は砂利が少ない粘土質。

ポイヤック
Pauillac

ずっしり重みのあるワインが多い。長期熟成を経て、偉大なワインになる可能性が高い。最高品質が生まれる注目の村だ。カベルネ・ソーヴィニヨンの栽培に適した、砂利を多く含んだ土壌。

リストラック
Listrac

上品さと鋭さを兼ね備えた味わい深いワイン。丘の上にあり「メドックの屋根」と呼ばれる。比較的涼しいため、ぶどうはゆっくりと時間をかけて成熟する。格付けワインはない。

サン・ジュリアン
St-Julien

ポイヤックとマルゴーのちょうど中間的な味わいで、バランスがとれたワインができる。サン・ジュリアン全体にわたって土壌の質が均一であり、全体的にレベルの高い村である。

マルゴー
Margaux

繊細で優雅なワイン。非常に水はけのよい砂利層で、ぶどうの栽培に適している。ぶどうの作付面積が広大なせいもあり、6村のなかでも、格付けワインがもっとも多い。

ムーリス
Moulis

余韻と、複雑な香りがここのワインの特徴。砂利地、粘土質、石灰質と変化に富んだ土壌が複雑な香りを生みだしている。
格付けワインはない。

ワインを選ぶ道しるべになるはずだったのに……

メドックでは、AOCとは別に、一級から五級まで、独自の格付けを行っている。一八五五年のパリ博覧会に目玉商品としてワインを展示することになったとき、ナポレオン三世の命令により、ボルドー商工会議所が、当時の売買価格やシャトーの名声、ぶどう園の土質などをもとに、メドックのワインにランクをつけたのだ。

このランクづけは、当初から波乱ぶくみだった。何を根拠に格付けするのかと大騒動になり、ランクが決まってからも、当然不満を抱く人もでてくる。そのため何度も格付けを手直ししようとの案はでたが、結局は大幅な変更は行われないまま今日に至っている。シャトーによってはランクが落ちることも予想されるため、見直し案はいまだ賛否両論が分かれ、意見の一致をみていないのだ。

一方で、二級以下に格付けされているとはいえ、一級にひけをとらないワインは、スーパーセカンド・ワインと呼ばれ、評価されている。このようなことを考慮すると、格付けはあくまでも参考程度と考えて、ワイン選びをしたほうがいいだろう。

肩書きがなくても
いい男はおりますえ
ワインと一緒どすな

メドック地区の格付けワイン

銘柄		AOC名	価格帯
1級			
Ch.Lafite-Rothschild	シャトー・ラフィット・ロートシルト	Pauillac	¥¥¥
Ch.Margaux	シャトー・マルゴー	Margaux	¥¥¥
Ch.Latour	シャトー・ラトゥール	Pauillac	¥¥¥
Ch.Mouton-Rothschild	シャトー・ムートン・ロートシルト	Pauillac	¥¥¥
Ch.Haut-Brion	シャトー・オー・ブリオン	Pessac-Léognan	¥¥¥
	(シャトー・オー・ブリオンはグラーヴ地区にあるのだが、格付け当時あまりに有名だったため地区外から格付けされた。)		
2級			
Ch.Cos d'Estournel	シャトー・コス・デストゥールネル	St-Estèphe	¥¥¥
Ch.Montrose	シャトー・モンローズ	St-Estèphe	¥¥
Ch.Pichon-Longueville Baron	シャトー・ピション・ロングヴィル・バロン	Pauillac	¥¥
Ch.Pichon-Longueville Comtesse de Lalande	シャトー・ピション・ロングヴィル・コンテス・ド・ラランド	Pauillac	¥¥
Ch.Léoville-Las-Cases	シャトー・レオヴィル・ラス・カーズ	St-Julien	¥¥¥
Ch.Léoville-Barton	シャトー・レオヴィル・バルトン	St-Julien	¥¥¥
Ch.Léoville-Poyferré	シャトー・レオヴィル・ポワフェレ	St-Julien	¥¥
Ch.Gruaud-Larose	シャトー・グリュオ・ラローズ	St-Julien	¥¥
Ch.Ducru-Beaucaillou	シャトー・デュクリュ・ボーカイユ	St-Julien	¥¥¥
Ch.Brane-Cantenac	シャトー・ブランヌ・カントナック	Margaux	¥¥¥
Ch.Rausan-Ségla	シャトー・ローザン・セグラ	Margaux	¥¥
Ch.Rausan-Gassies	シャトー・ローザン・ガシー	Margaux	¥¥
Ch.Durfort-Vivens	シャトー・デュフォール・ヴィヴァン	Margaux	¥¥
Ch.Lascombes	シャトー・ラスコンブ	Margaux	¥¥
3～5級(抜粋)			
Ch.Lynch-Bages	シャトー・ランシュ・バージュ	Pauillac	¥¥
Ch.Lagrange	シャトー・ラグランジュ	St-Julien	¥¥
Ch.Talbot	シャトー・タルボ	St-Julien	¥¥
Ch.Beychevelle	シャトー・ベイシュヴェル	St-Julien	¥¥
Ch.Palmer	シャトー・パルメ	Margaux	¥¥¥
Ch.Giscours	シャトー・ジスクール	Margaux	¥¥
Ch.Kirwan	シャトー・キルヴァン	Margaux	¥¥
Ch.d'Issan	シャトー・ディッサン	Margaux	¥¥

¥…～5000円　¥¥…～1万円　¥¥¥…～5万円　¥¥¥¥…～10万円
現在、店頭に並ぶワイン（90年代後半）のおおよその価格帯を示している。

シャトー・ラフィット・ロートシルト——フランス宮廷にボルドーを広めた

メドック五大シャトーの筆頭にあげたいのが、シャトー・ラフィット・ロートシルトだ。暗いルビー色のワインは、メドックのなかでは比較的軽めのみずみずしい味わいで、親しみやすい優雅さを備えている。こうした奥深い味わいもさることながら、シャトー・ラフィットは、フランス宮廷にメドックワインを知らしめた、歴史的なワインなのだ。

フランス宮廷では、ワインといえばブルゴーニュ産が愛飲されており、ボルドーのワインなど見向きもされていなかった。そのなか、ルイ十五世に寵愛されていたポンパドール夫人が、ボルドーに追放されていた人物を介して、シャトー・ラフィットにであった。

そのすばらしい味わいに魅了された夫人は、毎夜催されるヴェルサイユ宮殿での晩餐会でかならずこのワインを飲むようになり、やがて宮廷内に広まり、さらにはパリ中で脚光を浴びるようになったのである。

近世になり、シャトー・ラフィットは所有者がめまぐるしくかわり、一八六八年にパリの銀行家ジャーム・ド・ロートシルトが買収し、現在の名称になっている。

ぶどうの品種比率の目安（赤）

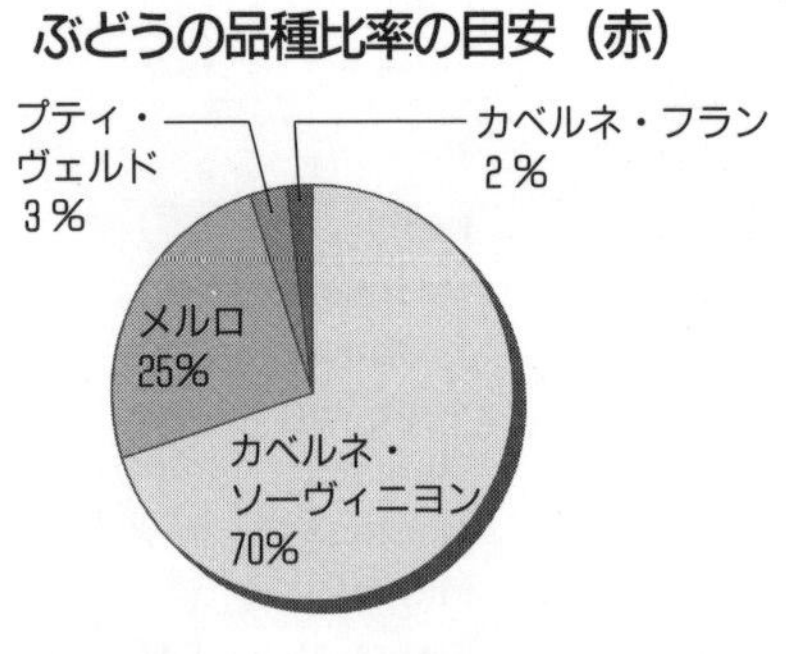
プティ・ヴェルドド 3％
カベルネ・フラン 2％
メルロ 25％
カベルネ・ソーヴィニヨン 70％

1級のラフィットは厳しいぶどうの選別を行う。収穫されたぶどうの半分以上を取り除くこともめずらしくない。

5大シャトー①

ぶどうのできのよくない年は5、6年で飲み頃です

ぶどうのできがよい年のラフィットは、15年以上寝かせるそうだ。

会話がワインの味を引き立てる

ワインはもっとも歴史のある酒のひとつだ。歴史や文化、色恋にまつわる興味深い逸話が数多くある。味わいを語るだけではなく、会話を膨らませ、場を楽しませるワインにまつわる話を、ひとつやふたつ知っておくとパーティなどで役立つ。

ワインがストーリーの鍵になる

ワインが印象的な小道具として登場する映画やドラマは数多い。

①『007／ダイヤモンドは永遠に』
イギリス人スパイのジェームズ・ボンドを描いたシリーズのひとつ。

ボンドは、クラレットというボルドーワインの愛称を知らないソムリエをみて、変装した敵だと見破る。

②『刑事コロンボ／別れのワイン』
葉巻をくわえた刑事コロンボが活躍するシリーズのひとつだ。

ワイン好きの犯人が、高温にさらされて劣化したワインの味にクレームをつけたことで、犯行が明らかになる。

③『失楽園』
渡辺淳一の小説の映画化。

主人公のふたりはボルドーワインに青酸カリをいれて心中する。

伝説上の人物、神もワインに酔う

ワインをめぐる伝説上の逸話もいろいろある。人類が古くから造っていた酒と考えられている所以でもある。

①酔って裸になったノア
『旧約聖書』のなかで、箱舟をつくり、大洪水をのがれたノア。舟を下りた彼はぶどうをつくりはじめ、できたワインを飲んで酔い、テントで裸で眠り込んだ。

その絵がバチカンのシスティナ礼拝堂の天井に「ノアの泥酔」として描かれている。作はミケランジェロだ。

②ワインを広めた酒の神バッカス
ギリシャ神話に登場する、豊穣とワインの神ディオニュソス（別名バッコス。英語読みはバッカス）。

各地で人々にぶどう栽培とワインの造り方を教え、酒と酒に酔うことを広めたといわれる。

………というわけです
グラス1杯のワインが
はるかなる歴史を
語りかけてくるのです
ウットリ

ワインの薀蓄《うんちく》を語るときは、自分の世界に入り込みすぎないようにしよう。気づいたら周りの人がいなくなり、ひとりっきりで話していた、なんてことにならないように……

シャトー・ムートン・ロートシルト――アートなラベルも人気の一因

一八五五年のメドック格付けは、現在までほとんど変わっていないが、この間に唯一、格付けを上げたのが、このシャトーだ。

ムートンの領主は次々と移り変わってきたが、一八五三年にイギリスの実業家ロスチャイルド（ロートシルト）家が買収し、シャトー・ムートン・ロートシルトという名称になった。ところがその二年後、メドックの格付けで二級にされてしまった。プライドを傷つけられたロスチャイルド家は、「されど我はムートンなり」と言い放ったという。

その後ワイン造りにさまざまな改良を行ってきたが、ロスチャイルド家の悲願が実ったのは、なんと一一八年後の一九七三年。この年にようやく、一級への昇格が認められたのだ。

このときの名文句は、「されどムートンは変わらず」。

濃い紫色の濃厚な赤ワインの味わいもさることながら、このシャトーの人気のひとつに、美しいラベルがある。ダリ、ヘンリー・ムーア、ミロ、シャガール、ウォーホルといった名だたる芸術家の絵が、毎年ラベルを彩っているのだ。

ぶどうの品種比率の目安（赤）

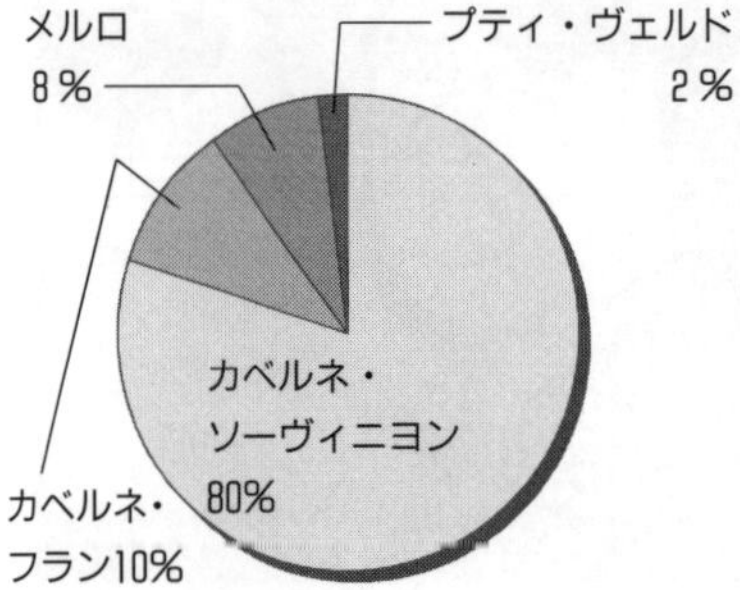
メルロ 8％
プティ・ヴェルド 2％
カベルネ・ソーヴィニヨン 80％
カベルネ・フラン10％

カベルネ・ソーヴィニヨンの主張が強く、タンニンがたっぷりと感じられる。

5大シャトー②

ラベルに
絵を提供すると
そのお礼が
ムートンのワインで
支払われるそうだ

ムートンとは羊のこと。ラベルの絵は羊やぶどう、ワインや酒の神バッカスをモチーフにしたものが多い。

ムートンのラベルを彩った巨匠たち（抜粋）

ラベルに独自の付加価値をつけたムートン。毎年、偉大な芸術家に絵を依頼し、それをラベルにプリントしている。画家以外に作家や映画監督の作品もある。その年のワインのできによってのみならず、ラベル製作者によっても売れ行きがかわる。

1945 フィリップ・ジュリアン
ボルドー生まれの画家であり、美術評論家。

1947 ジャン・コクトー
パリに生まれる。詩人、小説家、映画監督、画家として、マルチな才能を発揮した。ラベルはぶどうを食べようとする羊の絵。

1948 マリー・ローランサン
パリ生まれの女流画家。繊細で柔らかい雰囲気の女性の絵が多い。

1955 ジョルジュ・ブラック
パリ生まれ。ピカソと並ぶキュビズム（立体派）の巨匠。ラベルはワイングラスの絵。

1958 サルバドール・ダリ
スペイン出身の画家。シュールレアリスム（超現実主義）の作品は個性的。

1964 ヘンリー・ムーア
イギリス生まれの彫刻家。家族や女性をテーマにしたものが多い。

1967 セザール
南仏マルセイユ生まれの彫刻家。意表をつく作品が特徴。

1969 ホアン・ミロ
スペイン生まれの画家。ダリやピカソとともにスペインのカタルーニャ地方三巨匠のひとり。

1970 マルク・シャガール
ロシア出身の画家。ファンタジーな世界を描いたものや、旧約聖書を題材とした幻想的な作品が多い。

1971 ヴァシリー・カンディンスキー
ロシア生まれの画家。抽象画が多い。

1973 パブロ・ピカソ
スペイン生まれの画家。キュビズム（立体派）を発展させた。

1975 アンディー・ウォーホル
アメリカ生まれの画家。ポップアートで知られる。ムートンの当時の当主バロン・フィリップの肖像画をラベルに描いた。

1979 堂本尚郎《どうもとひさお》
京都生まれの日本人画家。パリに住んだ時期がある。日本が未年だったこともあり、日本人初の採用。

1982 ジョン・ヒューストン
アメリカ生まれ。映画監督や脚本家として知られる。

1988 キース・ヘリング
アメリカ生まれ。絵画のほか、広告やデザインも手がけた。
ポップに描かれた羊のラベル。

1989 ゲオルグ・バゼリッツ
ドイツ生まれ。「さかさま」をモチーフに描くことで知られる。
ラベルに描いた羊もさかさまだ。

1991 節子・バルテュス
日本人の女流画家。

1993 バルテュス
パリ生まれの画家。魅力的な思春期の少女を題材にした作品で知られる。節子・バルテュスの夫。

シャトー・ラトゥール――外国資本によって近代化された名門

スケールの大きな、男性的なワインといわれるラトゥール。その力強い味わいは、伝統的な醸造というより、醸造の近代化のなかで生みだされたものだ。

名門として知られていたラトゥールだが、百年戦争ですっかり荒廃し、その後も所有者が何度も移りかわるという不幸な運命をたどっていた。それがよみがえったのは、一九六三年にイギリスの財閥ピアソン家が買い取り、思い切ってすべての設備を近代化してからだ。たとえば、当時名門のシャトーは、オーク樽だけで発酵させていたが、温度管理や衛生管理のしやすいステンレスタンクを導入して、周囲を驚かせた。

一方で、発酵後の熟成にはかならず新樽をつかう、樹齢十年以上のぶどうの木からしか収穫しないなどの厳しい規律をつくり、それを守りつづけた。それにより、はずれ年がないといわれるほど、天候に左右されることなく、いつでも高品質のワインを造りあげられるようになったのだ。

ちなみにイギリス資本によってよみがえったこの名門も、一九九三年にフランス人オーナー（プランタンの経営者）に戻っている。

ぶどうの品種比率の目安（赤）

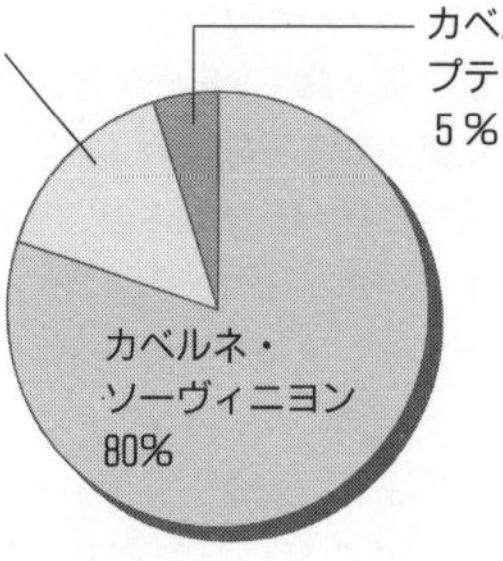
メルロ
15%
カベルネ・フラン、
プティ・ヴェルド
5%
カベルネ・
ソーヴィニヨン
80%

シャトーを囲む区画に、１級ワイン用の古い木が植えられている。若い木はセカンドワインや村名ワイン用だ。

5大シャトー③

あ　じゃ
これを……
GRAND VIN
DE
CHATEAU LATOUR
1990

セカンドワイン「レ・フォール・ド・ラトゥール」、サードワイン「ラトゥール・ポイヤック」も飲んでみたい。

シャトーにも訪れた資本変化の波

近年著しい変化をみせるボルドーのシャトーだが、その要因として、さまざまな新しい資本の参入があげられる。ワイナリーを買いとり、世に名をはせる逸品を生みだしたいと願う新しいオーナーが資本をいれ、設備を一新し、専門家の助言をもとめ、品質の維持向上をめざしているのだ。その一例を下に紹介しておこう。

赤丸急上昇中のシャトー
シャトー・クラルク

1973年にロスチャイルド（ロートシルト）家のエドモンドが買収し、巨額の投資をした。そのかいあって、格付けワインに匹敵するほど、評価は上がっている。

最新設備の整った醸造所や畑の見学ができる。

サントリー所有のぶどう園
シャトー・ラグランジュ

1983年に日本のサントリーが買収した。ステンレスタンクや温度管理のできる倉庫の導入、畑の拡大など、買収価格の数倍を注ぎ込み改造をすすめた。

格付け３級とはいえ荒廃していたワイナリーをよみがえらせた。

シャネラーには垂涎のまと！
シャトー・ローザン・セグラ

マルゴーでもっとも古いシャトー。２級に格付けされているが、格付けにふさわしいワインを生みだしているとは言いがたかった。

1994年に有名ブランドであるシャネルが買収し、評価が上がってきている。シャネルで装い、シャネルのワインを飲む。シャネラーならぜひやってみたいと思うのでは……。

シャンパンメーカーであるモエ・エ・シャンドン、ブランデーのヘネシー、貴腐ワインで有名なシャトー・ディケムなど７つの酒造メーカーは、ルイ・ヴィトンやフェンディなどを含めた40社以上とともにLVMH（モエ・ヘネシー・ルイ・ヴィトン）というグループをなしている。

シャトー・マルゴー——〝上品で繊細な淑女〟を創造

ルイ十五世に寵愛されたポンパドール夫人は、ラフィットをフランス宮廷に持ち込んだが、その次の愛人、デュ・バリ夫人が宮廷に紹介したのが、このシャトー・マルゴーだ。

男性的なワインであるラトゥールに対し、なめらかな口あたりのマルゴーは、繊細で上品、女性的なワインといわれる。

淑女のようなワインを生みだしているシャトーは、パルテノン神殿のような壮麗な建物だ。十九世紀初頭に、当時の所有者が名建築家として知られたヴィクトル・ルイ・コンブに依頼したもので、重要記念建築物に指定されている。この自慢の建物の姿は、ワインのラベルにも、誇らしげに描かれている。

淑女の美酒をこよなく愛し、壮麗なシャトーに滞在しては美酒に酔いしれていたのが、文豪ヘミングウェイだ。マルゴーを愛するあまり、孫娘にこの名をつけたという。女優の故マーゴ・ヘミングウェイである。

美と芸術の殿堂のようなこのシャトーは現在、ギリシャ人の資産家一家が所有し、さらなる品質向上をめざしている。

ぶどうの品種比率の目安（赤）

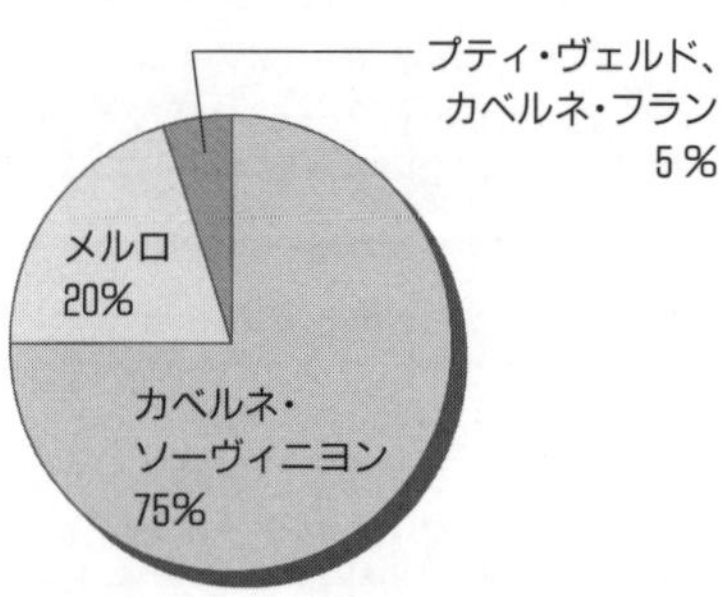
プティ・ヴェルド、
カベルネ・フラン
5％
メルロ
20％
カベルネ・
ソーヴィニヨン
75％

収穫は手摘み。100％オークの新樽で熟成されるのがマルゴーの特徴だ。ふくよかな香りが楽しめる。

5大シャトー④

CHATEAU MARGAUX
GRAND VIN
1967
PREMIER GRAND CRUCLASSE
MARGAUX
マルゴー村産のワインにも
マルゴーと表示されるものがある
シャトー・マルゴーとは別物。
ご購入の際は間違えないように……

「パヴィヨン・ブラン・デュ・シャトー・マルゴー」という辛口白ワインも造られている。繊細で優雅な飲み口。

人々を魅了するシャトー・マルゴー

孫娘にその名をつけたヘミングウェイほどではないにしろ（右ページ参照）、もっとも女性的なワインのひとつといわれるシャトー・マルゴーは、それを飲んだ人々を魅了しつづけている。ゆかりの人がでてくるワインは多いが、なかでもマルゴーはとりわけ抜きんでている。

チャップリンとマルゴー

映画界に冠たる名をなした喜劇俳優チャーリー・チャップリン。77歳になった1966年４月、彼はシャトー・マルゴーを味わったという。そのワインは1893年生まれ。チャップリンがまだ４歳のころに収穫され、その２年後に瓶詰めされたものだ。彼は「私より少し若いところがいい」といったといわれている。

73歳のマルゴーは、多少飲み頃をすぎていたようだが、チャップリンはうっとりと飲み干していたという。

さあ　あなたも
一杯いかが
かぐわしい香りに
とりこになること
間違いなしよ

エンゲルスとマルゴー

マルクスとともに有名な社会学者のエンゲルスは、「あなたにとっての幸福は」と聞かれて、「シャトー・マルゴー1848」と答えたと伝えられている。

さすがは
香水の国
フランスだね

嗅覚を鍛え、複雑な香りを楽しむ

複雑な香りが特徴的なワインにであったとき、複雑なのはわかるけど、どんな香りが混ざっているのかは説明しにくい。初心者はそれでかまわないと思う。ただ、その香りを表現できるようになりたいと思う人に最適の道具がある。

フランスでワインの香りの見本として売られている、数十種類の香りが小瓶におさめられたセットだ。バニラやミント、スグリやじゃこうといったさまざまなにおいをかぐ訓練になる。

もちろん、普段から意識的ににおいをかぐようにするだけでも、十分嗅覚を鍛えられる。

香りや味わいに調和のとれたワイン

ガロンヌ川の左岸に位置するグラーヴ地区は、ボルドー地方最古のワイン産地だ。グラーヴとは砂利の意味で、その名のとおり小石まじりの土質が、この地独特のワインの風味をつくり上げてきた。かつては高級イメージのある地域ではなかったのだが、現在ではメドックにひけをとらない高級赤ワインの産地として名を馳せている。

赤ワインはおもに、カベルネ・ソーヴィニヨンはじめ、カベルネ・フラン、メルロなどが使われており、メドックワインに比べると明るく、半透明のルビー色をしている。豊かな香りを備え、メドックよりやわらかく繊細な味わいだ。伝統的に白ワインの生産も盛んで、赤ワインと白ワインの比率は五対三程度。白ワインの高級品は辛口に多い。

一八五五年に行われたボルドーワイン独自の格付けのさい、格付けの中心はメドック地区であり、当時まだ知名度のなかったグラーヴ地区は対象外だった。ただひとつ、ペサック村のシャトー・オー・ブリオンだけが第一級として格付けに加わっている。また第二次大戦後に、グラーヴ独自の格付けが行われたが、メドックのような等級分けはない。

グラーヴ地区のAOC(原産地統制呼称)表示

赤ワイン	グラーヴ・ルージュ (Graves Rouges)
赤・白ワイン	ペサック・レオニャン (Pessac-Léognan)
白ワイン	グラーヴ・ブラン (Graves Blancs)
	グラーヴ・シュペリュール (Graves Supérieures)

赤ワインのAOC表示はグラーブ・ルージュだ。白ワインのAOC表示はグラーヴ・ブランだが、アルコール度が高く、上質なものにはシュペリュールを表示できる。

さらに、ペサック・レオニャン地域の赤・白ワインにだけ、独自の村名AOC表示が許されている。

グラーヴ地区の格付けワイン

赤

銘柄		価格帯	
Ch.Haut-Brion	シャトー・オー・ブリオン	¥¥¥	
Ch.La Mission-Haut-Brion	シャトー・ラ・ミッション・オー・ブリオン	¥¥¥	(94年)
Ch.La Tour-Haut-Brion	シャトー・ラ・トゥール・オー・ブリオン	¥¥¥	
Ch.Malartic-Lagravière	シャトー・マラルティック・ラグラヴィエール	¥¥	
Dom.de Chevalier	ドメーヌ・ド・シュヴァリエ	¥¥	
Ch.Haut-Bailly	シャトー・オー・バイイ	¥¥	
Ch.Carbonnieux	シャトー・カルボニュー	¥	
Ch.Olivier	シャトー・オリヴィエ	¥¥	(86年)
Ch.de Fieuzal	シャトー・ド・フューザル	¥	
Ch.Pape-Clément	シャトー・パプ・クレマン	¥¥	(94年)
Ch.Smith-Haut-Lafitte	シャトー・スミス・オー・ラフィット	¥¥	
Ch.La-Tour Martillac	シャトー・ラ・トゥール・マルティヤック	¥	
Ch.Bouscaut	シャトー・ブスコー	¥	

白

銘柄		価格帯
Ch.Laville-Haut-Brion	シャトー・ラヴィル・オー・ブリオン	¥¥¥
Ch.Malartic-Lagravière	シャトー・マラルティック・ラグラヴィエール	¥¥
Ch.Couhins-Lurton	シャトー・クーアン・リュルトン	¥¥
Dom.de Chevalier	ドメーヌ・ド・シュヴァリエ	¥¥
Ch.Carbonnieux	シャトー・カルボニュー	¥
Ch.Bouscaut	シャトー・ブスコー	¥
Ch.La Tour-Martillac	シャトー・ラ・トゥール・マルティヤック	¥
Ch.Olivier	シャトー・オリヴィエ	¥
Ch.Couhins	シャトー・クーアン	¥¥

¥…～5000円　¥¥…～1万円　¥¥¥…～5万円　¥¥¥¥…～10万円
現在、店頭に並ぶワイン（90年代後半）のおおよその価格帯を示している。

シャトー・オー・ブリオン――極上の旨さこそ、フランス外交の立役者

メドック地区とグラーヴ地区、このふたつの地区の格付けをもっているシャトー・オー・ブリオンは、十六世紀ごろにはポンタックと呼ばれていた。この地の大地主ジャン・ド・ポンタックが所有していたからだ。

ポンタック家の所有は二〇〇年ほどつづいたが、その間に品質向上に努力、やがてその名声が世界に広がっていった。十七世紀のイギリスでは、このワインを飲ませる居酒屋が大繁盛したという。

一八〇一年に、ナポレオン政権下の外相タレイランがシャトーの所有者になると、シャトー・オー・ブリオンは外交の場になくてはならない存在になった。ナポレオン戦争後に開かれた敗戦国の処遇を決めるウィーン会議では、タレイランが各国の外交官に連日豪勢な料理とこのワインをふるまい、外交のかけひきを見事に成功させた。フランス安泰の立役者が、シャトー・オー・ブリオンだったともいえる。

このシャトーには、極上の白ワインもある。しかし生産量がごくわずかなため、所有者は格付けの要請もしていない。そう簡単には手にはいらない、幻の名品なのである。

ぶどうの品種比率の目安（赤）

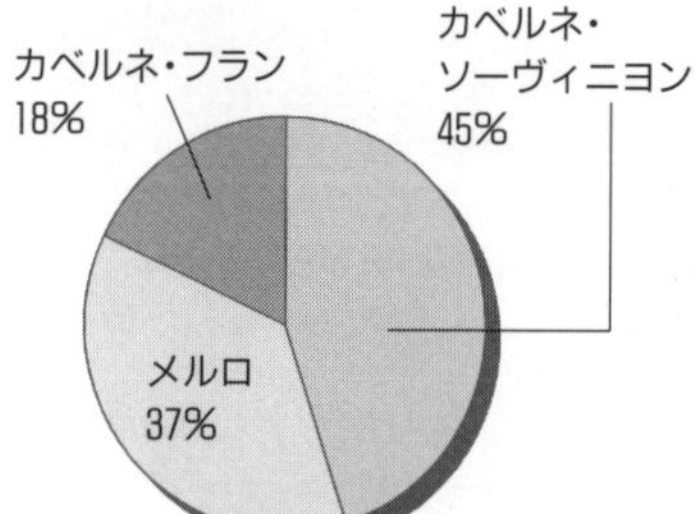
カベルネ・フラン
18%
カベルネ・ソーヴィニヨン
45%
メルロ
37%

比較的高い温度で、短時間の発酵が行われる。樽熟成の期間は比較的長い。

5大シャトー⑤

CHATEAU HAUT BRION
1990
CRU CLASSE DE GRAVES

メドック地区外で、メドック地区の格付け1級にランクされる唯一のワイン

極上のワインにはなにもいらない

1663年、シャトー・オー・ブリオンがシャトーの名を冠してイギリスで売られた最初のワインだった。

当時の貴族は食事とともにこのワインを味わった。しかし、現代の我々にとっては、ブリオンは高嶺の花だ。めったに飲むことはない。食事とともに飲もうなどとは考えず、シャトー・オー・ブリオンそのものをしっかり味わいたい。

どうしてもなにか食べたければ、ローストビーフなどをおすすめする。

高級なワインを飲むときは、料理ではなくワインを主体に考えよう（高級ワインを飲みなれていれば、話は別だが）。高級ワインほど、個性の強いものが多く、手の込んだ料理とはけんかする可能性が高くなる。
ワインをメインに味わうためには、ワインの味わいを邪魔しない、チーズやカナッペなどがいい。オリーブやナッツなどもいいつまみになる。

チーズとワインの組み合わせはkey word 18へ

key word 33　グラーヴ地区のワイン

ボルドー産の手ごろなワインからメドックの兄弟分へ

グラーヴ地区には、三十六の村（コミューン）がある。メドック地区のように、村ごとのＡＯＣはないが、唯一、ペサック・レオニャン地区に独立したＡＯＣ（原産地統制呼称）が認められている。ボルドー市街の南にある村ペサックと、さらに南にくだった位置にある村レオニャンを合わせたブロックである。

かつてグラーヴ全体は、安い辛口ワインの産地という、あまりありがたくないイメージをもたれていた。しかし一九七〇年から九〇年にかけて、事情が変わってきた。ぶどう栽培の拡大や醸造法、設備の近代化、品質向上の工夫などの努力がすすめられ、赤ワインも白ワインも、上質なものが次々に誕生してきたのだ。

たとえば、ドメーヌ・ド・シュヴァリエは、赤ワインも白ワインも、年々評価が高くなっている。とくにソーヴィニヨン・ブラン種から造られる白ワインは、まろやかで酸味のあるフルーティな高級ワインとして、たいへん人気がある。高級志向をすすめているこのブロックから、今後どのような逸品が登場してくるか、おおいに注目したい。

たくましく凛《りん》とした人に弱いんだよね

僕はボルドーワインが好き

僕は最初にカベルネ・ソーヴィニヨンにはまったあと、メルロに夢中になった。もちろんいまでも、あのまろやかさは大好きだ。が、最近はカベルネのタンニンもたまらない。

やはりカベルネあってのボルドーだ。どっしりしたフルボディの赤ワインらしさが最高だと思う。

数種類のぶどうがブレンドされていることも魅力の一因。バランスがとれていて、深みがあって飲むほどにはまってしまう。

さらにがっちり肩の張ったボトルの形も、僕好みだ。もちろん女性もイカリ肩のひとが好き。

いろいろ飲んで世界を広げよう

はい　どうぞ
83年のドメーヌ・ド・シュヴァリエです
いかがですか
お嫌いですか
………
これはボルドーのグラーヴ地区のワインです
官能的で甘美なワインですね
いや　ワインてこんなに旨いもんだとは知らんかった
わしが今まで飲んでたワインてなんだったんだ

ドメーヌ・ド・シュヴァリエ
Dom.de Chevalier

ぶどうの品種比率の目安（白）

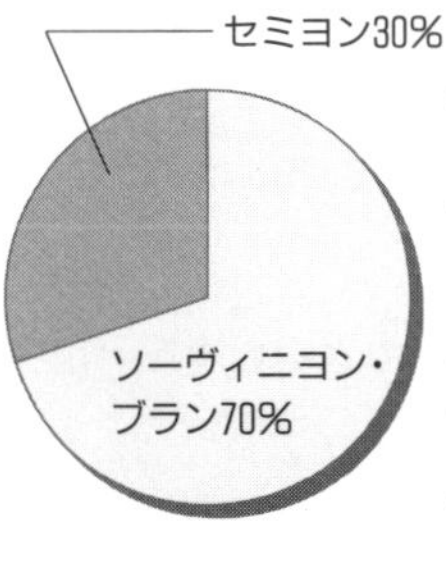
セミヨン30%
ソーヴィニヨン・ブラン70%

最良のものは同じシュヴァリエの赤ワインよりも長期間熟成できる。ボルドーの辛口白ワインのなかでも頭抜けて優雅で香り高い。

ぶどうの品種比率の目安（赤）

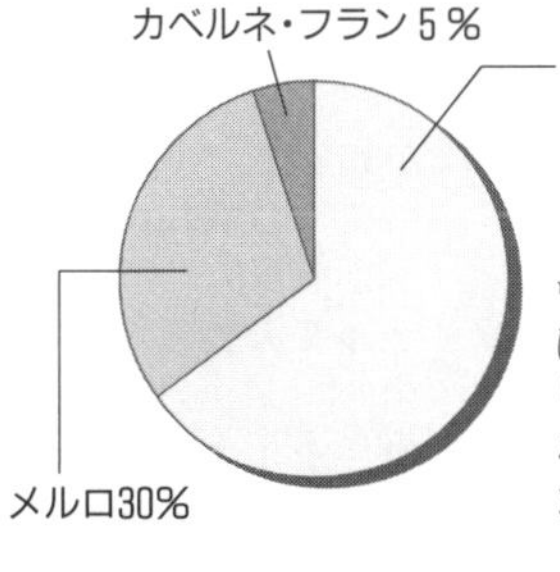
カベルネ・フラン５％
カベルネ・ソーヴィニヨン65%
メルロ30%

ドメーヌ・ド・シュヴァリエはぶどうのはずれ年にも樽の香りがしっかりでている魅力あふれるワインを造ることが多い。

黄金色に輝く、トロ〜リ甘い〝貴腐ワイン〟が有名

グラーヴ地区に囲まれるように位置するソーテルヌ地区は、なんといっても〝貴腐ワイン〟で有名だ。貴腐ワインの世界三大生産地のひとつが、ここなのである。

貴腐ワインは、貴腐ぶどうから造られる白ワインだ。成熟したぶどうの果皮に、ボトリティス・シネレアという菌がとりついて繁殖すると、果皮内の水分が蒸発し糖度がひじょうに高くなる。これが貴腐ぶどうである。ソーテルヌでは、おもにセミヨンという品種がつかわれる。

ではどこでも貴腐ぶどうができるかというと、そうではない。夏は晴天がつづき、九月から収穫時期までは朝もやが立ち、午後になると晴れるという、一定の気候条件が必要だ。しかも収穫は通常より遅く、十一月くらいである。その間に雨やひょうが降ると、ぶどうが全滅することもある。

このような厳しい条件をクリアしてできあがる貴腐ワインは、輝くような黄金色をしている。多くは生産できないため、かなり高価なものになるが、甘くとろけるような飲み口はじつに甘美だ。

ソーテルヌ地区のAOC(原産地統制呼称)表示

≪白ワイン≫
ソーテルヌ (Sauternes)
バルザック (Barsac)

ソーテルヌ村のほかに、4つの村がソーテルヌを表示できる。ボム(Bommes)、プレニャック (Preignac)、ファルグ (Fargues)、バルザック (Barsac) だ。

バルザックは、ソーテルヌの表示も、バルザックという村名の表示も両方可能だ。

バルザックのほうがソーテルヌよりも多少香りが華やかである。

ソーテルヌ地区の格付けワイン

銘柄		価格帯
特別1級		
Ch.d'Yquem	シャトー・ディケム	¥¥¥
1級		
Ch.Climens	シャトー・クリマン	¥¥¥
Ch.La Tour Blanche	シャトー・ラ・トゥール・ブランシュ	¥¥
Ch.Lafaurie-Peyraguey	シャトー・ラフォリー・ペラゲィ	¥¥
Ch.Clos Haut-Peyraguey	シャトー・クロ・オー・ペラゲィ	¥¥
Ch.Suduiraut	シャトー・シュディロー	¥¥
Ch.Coutet	シャトー・クーテ	¥¥
Ch.de Rayne Vigneau	シャトー・ド・レイヌ・ヴィニョー	¥
Ch.Guiraud	シャトー・ギロー	¥
Ch.Rieussec	シャトー・リューセック	¥¥ (91年)
Ch.Rabaud-Promis	シャトー・ラボー・プロミ	¥¥
Ch.Sigalas Rabaud	シャトー・シガラ・ラボー	¥¥

¥…～5000円　¥¥…～1万円　¥¥¥…～5万円　¥¥¥¥…～10万円
現在、店頭に並ぶワイン（90年代後半）のおおよその価格帯を示している。

辛口白ワインも人気がある

ソーテルヌは甘口ワインが有名。しかし、貴腐ぶどうにならなかったセミヨンや、貴腐化しにくいソーヴィニヨン・ブランを使用して、辛口の白ワインも造られている。貴腐ワインは食後のデザートワインなので、シャトーを訪れるＶＩＰの食事用に辛口ワインを用意していたのだ。この地区ではめずらしい辛口ワインだけに、近年は人気が高い。ボルドー・ブランBordeaux BlancというAOC名で販売されている。

辛口ワインの銘柄		甘口ワインの銘柄
Y'd Château d'Yquem	イグレック・ド・シャトー・ディケム	Ch.d'Yquem
G'd Château Guiraud	ジェ・ド・シャトー・ギロー	Ch.Guiraud
R'd Rieussec	エール・ド・リューセック	Ch.Rieussec
Guilhem de Fargus	ギレム・ド・ファルク	Ch.de Fargus
Brut de Lafaurie	ブリュット・ド・ラフォリィ	Ch.Lafaurie Peyraguey

シャトー・ディケム――貴重な甘口ワインの秘密

黄金色の甘美な貴腐ワインは、いかにして生まれたのか。シャトー・ディケムには、次のような話が伝わっている。一八四七年、領主のリュル・サリュース伯爵がロシアへおもむくさい、自分が帰るまでぶどうを収穫してはいけないと命じていた。ところが帰国が大幅に遅れ、伯爵が帰ってきたときには、ぶどうは灰色のカビでおおわれてしまっていた。それでもそのままワインを醸造し、樽に詰めてしまいこんでおいた。十年後、その樽を開けると、芳醇な香りの甘い美酒ができていた……。

さて、世界の最高峰とされるシャトー・ディケムの貴腐ワインは、たいへんな手間暇をかけて造られている。摘みごろをみきわめながら、ぶどうの一粒一粒を選り分けて摘んでいく。一樽のワインを造るのに延べ一五〇〇人は必要とする。収穫したぶどうは、三回に分けて果汁を搾り取り、それをろ過せず、十〜十五回も澱引きをする。そうすることによって、輝かしい色合いが生まれてくるのだ。一方、ぶどうが不作とされた年には、貴腐ワイン造りはあきらめる。こうしたシャトーの熱情が、甘美なワインに、より美しい香りを加えているのだ。

ぶどうの品種比率の目安（白）

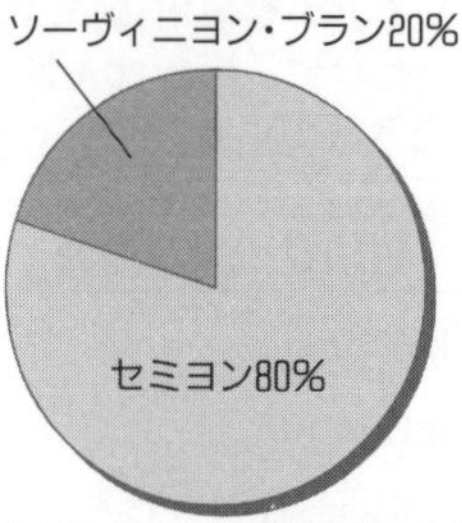
ソーヴィニヨン・ブラン20%
セミヨン80%

1本のぶどうの木から、グラス1杯のワインしか造らないといわれるこだわり。贅沢な甘さが楽しめる。

仕上げはシャトー・ディケムの一九四七年！パーフェクトでしょ

愛情がワインを甘くする

ドイツの「トロッケンベーレンアウスレーゼ」、ハンガリーの「トカイ・アスー・エッセンシア」、そしてフランスの「ソーテルヌ」が世界三大貴腐ワインといわれる。貴腐ぶどうには、セミヨンやリースリングといった果皮の薄いぶどうがつかわれる。それらのぶどうに、貴腐菌がつけば簡単にできるわけではない。多くの労力が必要である。人の手が加わらないとおいしい貴腐ワインは造れないのだ。

1 気候条件

まず、夏の間は晴天がつづき、秋から収穫までの間は朝もやと午後の晴天という条件を満たす気候がのぞましい。ある程度の湿度がないと菌が生育しないのだ。しかし収穫期に雨がつづくと、ぶどうが水分を吸収してできあがったワインが水っぽくなってしまう。

---

2 タイミング

菌が発生するタイミングも大切だ。まだ熟していないぶどうについても害にしかならない。菌がついた後に雨がつづけば、腐ってしまう。

---

3 収穫期

いっせいに貴腐菌がぶどうにつくのではない。房ごとどころか、1粒1粒つくタイミングが違うのだ。そのため、房ごと収穫することはできず、1粒ごとに成熟具合を判断しながら摘まなくてはならない。
これは、一般的なぶどうの収穫の何十倍もの労力と時間がかかる。

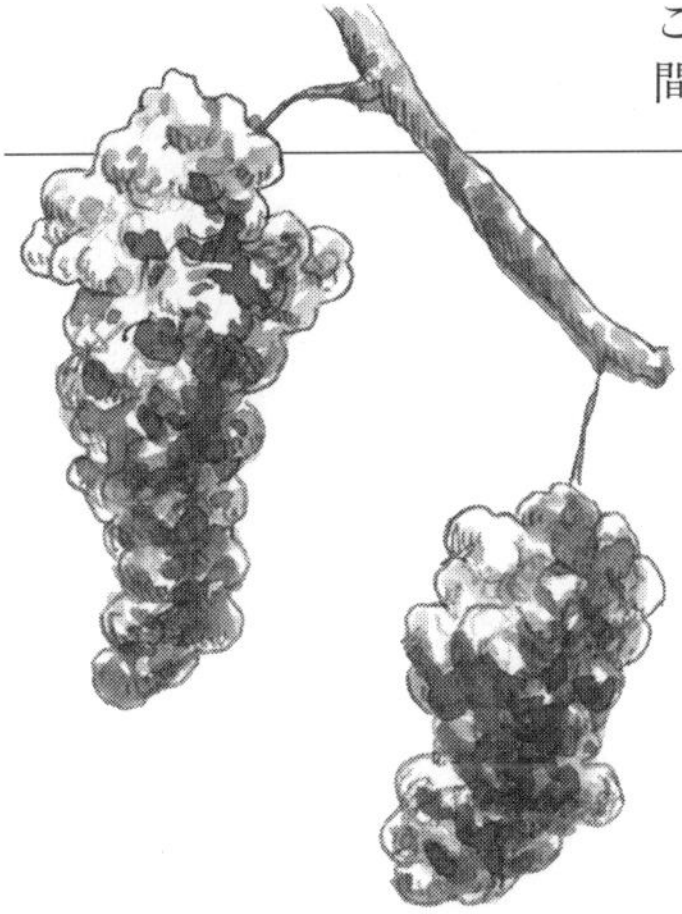

しわしわでひげが生えたように見えたら収穫だ

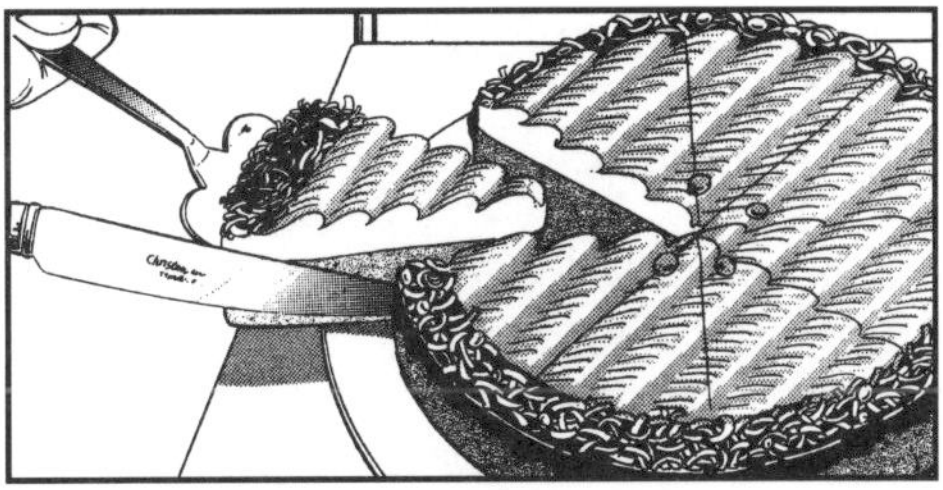

貴腐ワインは桃や苺のデザートと相性がいい。カリカリに焼いたバタークッキーともよく合う。

ジレット——樽のなかで二十年も眠りつづける

ソーテルヌ地方でも、ちょっと異質なのが、ジレットというシャトー。格付けはされていないが、じつに芳醇な甘口白ワインを世に送りだしている。

ジレットが特異なのは、樽熟成の長さだ。一般に白ワインは樽熟成期間が短いが、セミヨンをベースにして、ソーヴィニヨン・ブラン、ミュスカデルをブレンドして造られるこの白ワインは、なんと二十年以上も樽のなかで寝かせられる。なかには収穫から三十年もたってから、瓶詰めされたものもある。長い眠りから覚めた白ワインは、深い琥珀《こはく》色をした、粘りけや果実味にあふれた逸品になる。長期熟成したものとは思えないほど、若々しい飲み口なのだ。

瓶詰めした後も、何年もたってから出荷される。このような出荷の遅いワインは、「クレーム・ドゥ・テット」と呼ばれる。ひじょうに保存状態がいいので、出荷後二十年くらいは置いておけるのではないかともいわれる。ジレットの所有者クリスティアン・メドヴィルのこだわりが、確実に実を結んだ傑作といえるだろう。

歳をとるにつれ
魅力を
増したいね

ワインだって歳をとれば丸くなる

「あの人最近丸くなってきたね」という表現、じつはワインにも当てはまる。できたての長期熟成用のワインは酸が強く、タンニンが荒く、とても飲みにくい。しかし、この強い酸がワインの寿命を支えるのに欠かせないものなのだ。

熟成とともに水分とアルコールの調和がすすみ、丸みを帯びてくる。エステルという芳香成分も生まれる。熟成期間にいろんな変化が起こっているのだ。

時の経過とともに、角がとれ、艶がでて香りが増す。人もワインも変化していく喜びがあるんだなぁ。

熟成期間をどうすごすかも大事なポイント

通常、醸造後１～２年間は樽（またはステンレスタンク）で熟成される。樽やタンクの素材によって、ワインの風味やまろやかさに違いがでる。そのワインに適した素材をつかうのも造り手の腕だ。その後、瓶詰めされ、出荷される早飲みタイプのワインと、瓶詰めされたまま、シャトーで保存される長期熟成タイプのワインに分かれる。

ワインの貯蔵は　涼しく
暗く　湿っぽいのが理想だ
昔ながらの貯蔵庫のほか
ボルドーでは
温度管理の設備が整った
近代的なワイナリーも
めずらしくない

ジレットの場合は、樽詰めの状態で長期間（20～30年）熟成される。瓶詰めされるのはその後だ。自分で長期保存するのはたいへんだが、このような出荷の遅いワインなら、熟成した味を十分に楽しめる。

熟成によるワインの変化

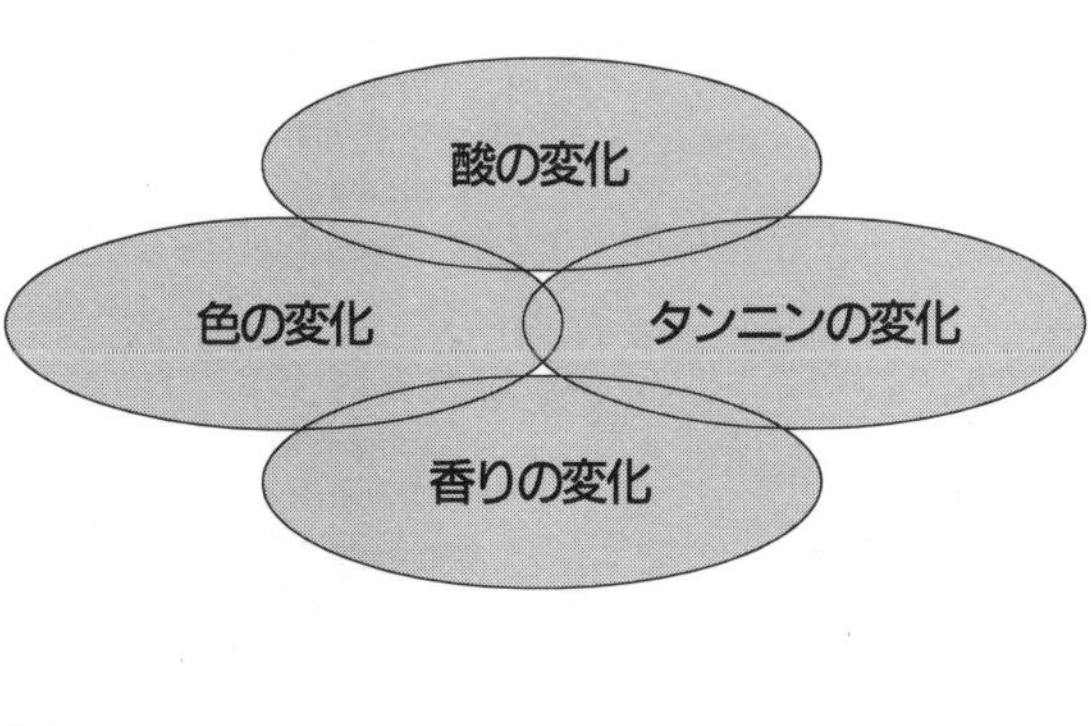
酸の変化
色の変化
タンニンの変化
香りの変化

ワインは樽のなかで呼吸しながら、左図のようなさまざまな反応を繰り返している。変化は、ワインをよりまろやかな味、美しい色にする。

樽熟成の場合、新樽か古樽かによっても違いがでる。

新樽だと、タンニンとバニラの風味が強くなりすぎることがある。

絹のような口あたりの〝甘美な神酒〟

ドルドーニュ川を見下ろす丘の上にあるサン・テミリオン地区は、サン・テミリオン村を中心に、リュサック村、モンターニュ村、サン・ジョルジュ村、ピュイスガン村がとりまいたブロックだ。

この地区で造られるワインは、ほとんどが赤ワイン。渋味成分であるタンニンが多く含まれるカベルネ・ソーヴィニヨン種の比率は、メドック地区のワインよりも低く、その分、カベルネ・フラン種やメルロ種がたくさん使用されている。そのため、渋味が少なく、香り豊かでまろやかな、絹のような口あたりのワインが生みだされる。熟成期間も比較的短く、みずみずしさのなかにも適度なコクがあるのも魅力だ。その味わいは、ルイ十四世から〝甘美な神酒〟と讃えられたほどだ。

サン・テミリオン地区のAOC格付けは、赤ワインに対してのみ、五つの各村に認められている。

地区内の格付けは、これまで数回行われており、試飲や評判、土壌の状態などを参考に、約十年ごとに格付けを改訂することになっている。現在の格付けが、今後どう変わっていくのか、見守るのも楽しい。

これからどうする
僕の部屋へくるかい

サン・テミリオン地区の格付けワイン

銘柄		価格帯
第1特別級(A)		
Ch.Ausone	シャトー・オーゾンヌ	¥¥¥¥
Ch.Cheval Blanc	シャトー・シュヴァル・ブラン	¥¥¥¥
第1特別級(B)		
Ch.Angélus	シャトー・アンジェリュス	¥¥¥
Ch.Beauséjour Bécot	シャトー・ボーセジュール・ベコー	¥¥¥
Ch.Beauséjour	シャトー・ボーセジュール	¥¥¥
Ch.Figeac	シャトー・フィジャック	¥¥¥
Ch.Canon	シャトー・カノン	¥¥
Ch.La Gaffelière	シャトー・ラ・ガフリエール	¥¥ (94年)
Ch.Magdelaine	シャトー・マグドレーヌ	¥¥
Ch.Pavie	シャトー・パヴィ	¥¥
Ch.Trottevieille	シャトー・トロットヴィエイユ	¥¥
Clos-Fourtet	クロ・フルテ	¥¥
Ch.Belaire	シャトー・ベレール	¥¥

¥…～5000円　¥¥…～1万円　¥¥¥…～5万円　¥¥¥¥…～10万円
現在、店頭に並ぶワイン（90年代後半）のおおよその価格帯を示している。

サン・テミリオン地区のAOC(原産地統制呼称)表示

≪赤ワイン≫

サン・テミリオン・グラン・クリュ(St-Émilion Grand Cru)
サン・テミリオン(St-Émilion)
リュサック・サン・テミリオン(Lussac St-Émilion)
モンターニュ・サン・テミリオン(Montagne St-Émilion)
サン・ジョルジュ・サン・テミリオン(St Georges St-Émilion)
ピュイスガン・サン・テミリオン(Puisseguin St-Émilion)

サン・テミリオン・グラン・クリュがもっともいいAOC。
ほかの5つのAOCはその下のランク。質は造り手しだいだ。

シャトー・オーゾンヌ、シャトー・シュヴァル・ブラン 特別一級の上をいくワイン

サン・テミリオン地区では、二十世紀中ごろから地区独自の格付けが行われるようになった。当初は十一の第一特別級銘柄が指定されたが、このなかでもシャトー・オーゾンヌとシャトー・シュヴァル・ブランのふたつがAランクをつけられた。別格扱いのこのふたつが、サン・テミリオンワインの代表格というわけだ。

オーゾンヌは、〝ボルドーのブルゴーニュ〟といわれる。というのも、ボルドーの代表品種であるカベルネ・ソーヴィニヨンをまったく使っておらず、メルロを主体としている。その結果生まれる力強い味わいや、メドックワインより一%高いアルコール度数などの性格が、ボルドーよりむしろブルゴーニュのワインに似ているからだ。

一方の雄であるシュヴァル・ブランは、ぶどうのブレンドにカベルネ・フランを多用している。これはボルドーワインではとてもめずらしいことだ。この独特のブレンドにより、力強く、しかもやわらかい口あたりの、ボルドーのなかでもっとも深遠なワインといわれる優美なものに仕上がっている。

毎年毎年
買い足して
いかなくちゃ

僕のお気に入りワイン

いま、僕が骨抜きにされているワインは、サン・テミリオン地区のシャトー・シュヴァル・ブランだ。

仲間とのワイン会で、このワインの1970年ものが登場した。一口飲んだだけで、僕はくらくらっとしてしまった。絹のような舌ざわりといい、バランスのよさといい、最高のワインだ。

大好きなワインだけに、セラーから減っていくのをみると寂しくなる。でも飲みたい。ただでさえ飲むべきか、飲まざるべきかと迷うのに、そのうえ飲み頃の幅が広いので、いつ飲もうかにも悩まされる。

じつは、こうやって悩まされることも楽しみだったりするのだが…。

聖なる地のワイン

ローマの時代から、赤ワインの地として有名だったサン・テミリオン地区。この地名は、スペインへの巡礼途中に、この地に居ついた聖者エミリオンに由来している。ワインとともに、古い町並みや美しい教会も有名だ。

彼女のためにこんな希少なワインをあけたのに……
コチ
コチ
コチ
コチ
CHATEAU AUSONE
SAINT-EMILION
1966

シャトー・オーゾンヌ Ch. Ausone

ぶどうの品種比率の目安（赤）

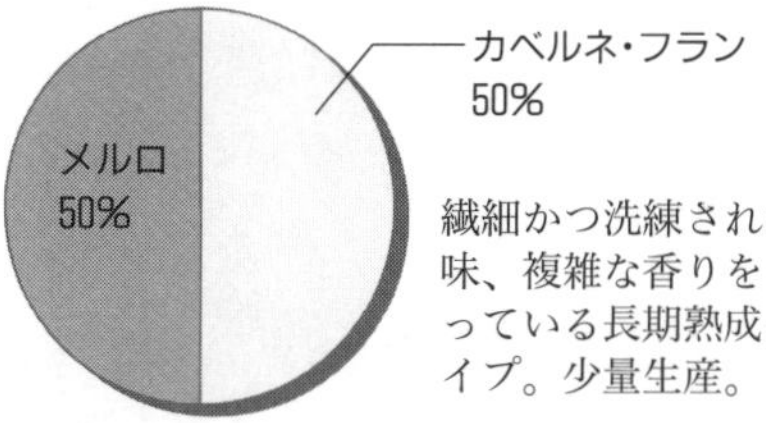
カベルネ・フラン
50%
メルロ
50%

繊細かつ洗練された味、複雑な香りをもっている長期熟成タイプ。少量生産。

結局3時間すぎても彼女は来なかった
ひとりで味わったワインの味は しばらく忘れられそうにない

シャトー・シュヴァル・ブラン Ch. Cheval Blanc

ぶどうの品種比率の目安（赤）

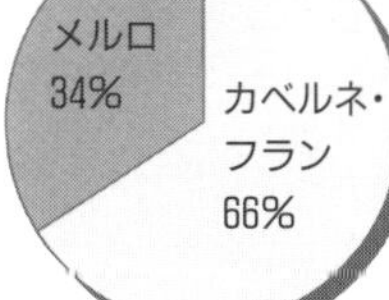
メルロ
34%
カベルネ・フラン
66%

うん さすがシュヴァル・ブランは旨い！

CHATEAU CLERC MILON

香り華やか、芳醇かつ艶やかなワイン。早くからおいしく飲める。熟成にも向く。

生産量の少なさが希少価値を生む

ポムロール地区は、ボルドーのなかでもっとも小さな地区だ。しかし土壌はメドック地区より肥沃で、鉄分を多く含む複雑な土質をしている。

この土壌にはメルロ種の栽培が適しているため、ぶどうはメルロが主体で、カベルネ・ソーヴィニヨン種は少ない。そのことが、メドック地区のきめ細かさと、サン・テミリオン地区の柔軟な力強さの両方がうまくマッチした、質の高い赤ワインを生みだすことにつながっている。

この地でも、かねてから赤ワインの名品が造られていたにもかかわらず、世界に名が知れるようになったのはずいぶん遅く、第二次世界大戦後のことだ。なにしろ土地が狭いため、ワインの生産量も少ない。シャトーごとの生産量の平均は、メドックの十分の一程度にすぎない。

そのため世界にでまわる量もごくわずかだったため、名前を広めるまでに至らなかったのだ。しかし戦後は、その希少価値がかえって人気を押し上げる要因になった。

なおポムロール地区の公式な格付けはなく、ペトリュスだけが別格扱いになっている。

大きいボトルほど熟成はゆっくりだよ

ボトルのサイズもいろいろある

僕たちが普通に飲むワインボトルは、フルボトル（フランス語ではブテイユ）といわれる750mℓサイズ。その半分のサイズのハーフボトル（ドゥミ・ブテイユ）もよく目にする。だけどボトルのサイズは、もっといろいろある。

小さいのでいえば、4分の1ボトル（キャール）があるし、大きいのになるときりがない。ボトル2本分（マグナム）、ボトル4本分（ジェロボアムまたはダブル・マグナム）から、ボトル6本分、8本分……、そしてなんとボトル20本分というジャンボサイズのボトルもあるから驚く。

ポムロール地区の評価の高いワイン

銘柄		価格帯
Ch.Pétrus	シャトー・ペトリュス	¥¥¥¥
Ch.Trotanoy	シャトー・トロタノワ	¥¥¥
Ch.l'Evangile	シャトー・レヴァンジル	¥¥¥
Vieux Château Certan	ヴィュー・シャトー・セルタン	¥¥¥
Ch.Lafleur	シャトー・ラフルール	¥¥¥
Ch.La Conseillante	シャトー・ラ・コンセイヤント	¥¥¥
Ch.Gazin	シャトー・ギャザン	¥¥¥
Ch.La Fleur-Pétrus	シャトー・ラ・フルール・ペトリュス	¥¥¥
Ch.Certan-Giraud	シャトー・セルタン・ジロー	¥¥
Ch.Petit Village	シャトー・プティ・ヴィラージュ	¥¥
Domaine de L'Eglise	ドメーヌ・ド・レグリーズ	¥¥¥
Ch.Certan-de-May	シャトー・セルタン・ド・メイ	¥¥¥
Ch.Clinet	シャトー・クリネ	¥¥¥

¥…～5000円　¥¥…～1万円　¥¥¥…～5万円　¥¥¥¥…～10万円
現在、店頭に並ぶワイン（90年代後半）のおおよその価格帯を示している。

ポムロール地区のAOC（原産地統制呼称）表示

≪赤ワイン≫
ポムロール（Pomerol）
ラランド・ド・ポムロール（Lalande-de-Pomerol）

この地区はポムロールとラランド・ド・ポムロールのふたつの地域に分けられる。

ポムロールのAOCワインは、豊満でまったりしたこの地区の特徴をよくあらわしている。

ラランド・ド・ポムロール地域はポムロールの北側の後背地に位置している。ポムロールよりもタンニンやパワーが少なく、早く熟成する。ポムロールらしさを手軽に味わうにはぴったりだ。

もともとポムロール地区はサン・テミリオン地区の一部だった。1928年にサン・テミリオンから独立した。

key word 40 ポムロール地区のワイン

シャトー・ペトリュス――上流社会のステータスシンボル

シャトー・ペトリュスのサクセスストーリーの始まりは、十九世紀末のパリ博覧会で、みごと金賞に輝いたことからはじまる。トリュフやバイオレットにたとえられる芳香をもち、肉感的で、しかもフルーティな味わいが多くの人を魅了したのだ。

それでも世界に名を知られるまでには至らなかったのだが、第二次世界大戦が終結した一九四五年にホテル経営者の所有になると、状況が変わってきた。ホテル経営者の妻であるルーパ夫人が、ポムロールワインを世界に啓蒙し始めた。まずは、フランスやイギリスの上流社会に、ペトリュスを認知させることから始め、徐々に定着させていった。

そしてニューヨークのレストラン「ル・パヴィヨン」の店主がペトリュスの魅力に引かれ、このワインを店の売りものにした。

ボルドー一の希少価値があり、高価でもあったペトリュスを、この店に集うケネディー、ロックフェラー、オナシスなど、そうそうたるメンバーが愛飲した。それによりこの逸品は、上流社会のステータスシンボルとされるまでにのし上がったのである。

このワインを
ご存知ですか?
PETRVS

ポムロール地区には正式な格付けがない。ときに五大シャトーよりも高い値のつくペトリュスは、無冠の帝王なのだ。

ぶどうの品種比率の目安(赤)

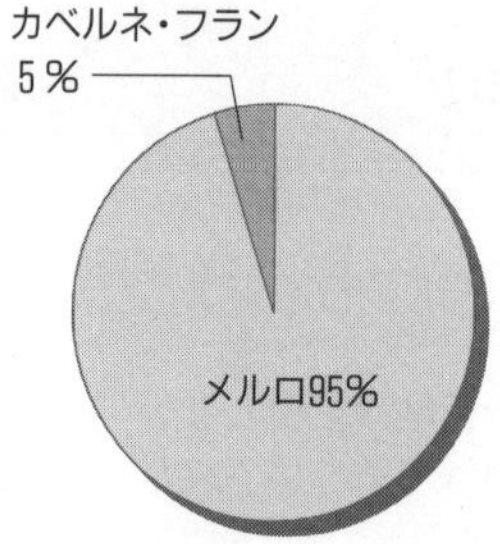
カベルネ・フラン
5%
メルロ95%

メルロの比率がほぼ100%のときもある。濃厚でまろやかな極上の味わい。

価格は人気で変わる

ペトリュスの畑は
ほかのポムロールの畑の土壌
とは違った
鉄分の多い粘土質でした
これがメルロ種との絶妙の
相性を示したんです
それを発見したので
余計な
カベルネ・フランを
排除していった……

造り手の努力
土壌やぶどうの研究、栽培方法や醸造法、あらゆる工夫をして、おいしくすれば、人気が高まる。

なるほど　すると
醸造家の技術と
希少性があれば
奇跡を起こすことが
できるというわけか

希少性
生産量の少ないワインは、需要と供給のバランスがとれない。人気がでれば、たちまち価格が上がる。

あと　後押しする
強力な鑑定家の
意見ですね

鑑定家
ロバート・M・パーカーJr.氏やヒュー・ジョンソン氏などの著名な鑑定家の一言は、ワインの値を大きく左右する。

そう　それと
ヴィンテージだね
古くなれば　数が減り
希少性が増すから
確かに

ヴィンテージ
あたり年のワインはよい熟成が期待されるため、人気が高い。そのため、需要が増し、価格を上げることが多い。

ペトリュスに追いつけ追いこせ サクセスストーリー予備軍たち

無名のワインから名品へと駆け上がったシャトー・ペトリュスのサクセスストーリーは、ポムロールの他のシャトーにも大きな刺激を与え、たいへんな勢いでペトリュスを追いかけ始めている。

たとえばシャトー・ル・パンである。田舎家があるだけのひじょうに小さなシャトーだが、一九七九年に、ほかにいくつかシャトーをもつティアンポン家が所有するようになってから、一気に変わった。ペトリュスをめざして品質向上に努力した結果、そのいぶしたようなエキゾチックな香りのワインに評価が高まり、人気が急上昇。あっという間にペトリュス並みの値段にはね上がったのだ。

発酵を新しいオーク樽で行うという、生産量の少ないシャトーだからこそできる手間暇のかかる生産法が、成功の秘訣だったといわれる。

またシャトー・クリネは、醸造学者の全面的な協力と、できるかぎりぶどうの収穫を遅くして、よく熟したぶどうを使うといった努力により、評価はうなぎ登りだ。

今後のポムロールの動きに、ワイン好きは目が離せない。

香りにも
相性が
あるんだね

意外にイケる、まつたけとペトリュス

この前参加したワイン会で、まつたけのコース料理とワインを楽しむ機会があった。

網焼きにはシャンパン、フライには白ワインを合わせた。そして、メイン料理のすき焼きには、僕が持参したシャトー・ペトリュスの82年ものを合わせた。

すき焼きのなかに溶け込んだまつたけの香りと、エキゾチックなペトリュスの香りが、うまく絡み合い、僕はもう幸せいっぱい、おなかいっぱいになった。香りのある料理と、独特の香りをもつワインとの食べ合わせも意外といけるものなんだなぁ……。

粒ぞろいの赤ワインたち

はい　これ私からの
プレゼント!!
お祝いにあけましょう
とっておきの
ワインよ

Le Pin
POMEROL
1986

シャトー・ル・パン
人気急上昇したこのワインにあやかって、にせものがでまわっている。買うときは、気をつけて。

まだ発掘されていない、ポムロールの小さなワイナリーから、将来あたりそうなワインを探すのも楽しいかもしれない。

これもどうかしら
シャトー・ラフルール'59年

シャトー・ラフルール
ペトリュスの北隣の畑にある。ペトリュスに勝るとも劣らないワインを造る。粘土質のある良質の土地から、「質は量に勝る」をモットーに造られる希少なワイン。

Château
Grand Vin
POMEROL
1990

ヴィュー・シャトー・セルタン
ペトリュスが台頭するまではポムロールのトップに君臨していた。優美でしなやかなワイン。貴族的なたたずまいの、ポムロールを代表するシャトーだ。

key word 42 セカンドラベル

二番手のなかに掘り出しものが隠れている

これまでに紹介したワインは、なにしろ各地を代表する高級ワインばかりだから、そうそう気軽に買える値段というわけにはいかない。財布にそれほど余裕はないが、ボルドーらしいボルドーを味わってみたいという人におすすめなのが、〝セカンドラベル〟だ。

ボルドーでは近年、そのシャトー名がはいった一ランク下のワインを売り出して人気を博している。これが、セカンドラベルだ。セカンドラベルになるのは、若いぶどうの木から造られたものや、そのシャトーでの厳しい基準に合わなかったもの、天候が悪く、できがもうひとつ満足いかないものなどである。

というと二級品のように思えるかもしれないが、一級品と同じ手間暇をかけて造られているし、セカンドラベルの基準もシャトーごとにきちんと設けられている。しかも値段は手ごろだ。

もちろん本来のワインの質が悪ければ、セカンドの質もあまり期待できない。しかし、よいワインを造れるシャトーなら、セカンドもおおいに期待できる。セカンドでボルドーを知るのも、ひとつの方法なのだ。

ラベルにブルジョアの表示があるよ

ブルジョアクラスにも評価の高いものがある

メドック地区の1855年の格付けから漏れた生産者のなかには、その後ブルジョワクラスというものに認定されたシャトーもある。1978年、1988年と改定され、現在はおよそ300が認定されている。

数が多いので、品質はピンからキリまであるが、ブルジョワクラスのシャトーのなかにも、かなり評価の高いものがある。

シャトー・シャス・スプリーン、シャトー・ソシァンド・マレなどが有名だ。

セカンドラベル同様、高級ワインにちょっと手が届かない人は試してみるといい。

セカンドでボルドーを知る

セカンドラベル	シャトー名ワイン（ファーストラベル）
カリュアド・ド・ラフィット・ロートシルト Carruades de Lafite Rothschild	シャトー・ラフィット・ロートシルト
ル・プティ・ムートン・ド・ムートン・ロートシルト Le Petit Mouton de Mouton Rothschild	シャトー・ムートン・ロートシルト
レ・フォール・ド・ラトゥール Les Forts de Latour	シャトー・ラトゥール
パヴィヨン・ルージュ・デュ・シャトー・マルゴー Pavillon Rouge du Château Margaux	シャトー・マルゴー
ル・バアンス・デュ・オー・ブリオン Le Bahans du Haut-Brion	シャトー・オー・ブリオン
プティ・シュヴァル・ド・シュヴァル・ブラン Petit Cheval de Cheval Blanc	シャトー・シュヴァル・ブラン
クロ・デュ・マルキ Clos du Marquis	シャトー・レオヴィル・ラス・カーズ
レディ・ランゴア Lady Langoa	シャトー・レオヴィル・バルトン
サルジェ・ド・グリュオ・ラローズ Sarget de Gruaud-Larose	シャトー・グリュオ・ラローズ
レ・トゥーレル・ド・ロングヴィル Les Tourelles de Longueville	シャトー・ピション・ロングヴィル・バロン
レ・パゴドゥ・ド・コス Les Pagodes de Cos	シャトー・コス・デストゥールネル
ラ・ダム・ド・モンローズ La Dame de Montrose	シャトー・モンローズ
レゼルヴ・デュ・ジェネラル Reserve du Général	シャトー・パルメ
アミラル・ド・ベイシュヴェル Amiral de Beychevelle	シャトー・ベイシュヴェル
オー・バージュ・アヴェロー Haut-Bages-Averous	シャトー・ランシュ・バージュ
ラ・パルド・オー・バイイ La Parde Haut-Bailly	シャトー・オー・バイイ
ラ・トゥール・レオニャン La Tour Léognan	シャトー・カルボニュー
オー・ド・スミス・オー・ラフィット Hauts de Smith-Haut-Lafitte	シャトー・スミス・オー・ラフィット
クロ・ジィー・カノン Clos J.Kanon	シャトー・カノン

ワインはピンからキリまである 状況にあわせて　どんなワインも たのしめるようになりたい

同じ名前で 多くのワインが売られている 本物を見極める目を手に入れたい

どこに違いがあるのか知りたい人はkey word 47へ

第4章

神に祝福された"ワインの王様"——ブルゴーニュ

同じ人が同じぶどうから
造るワイン
それでもいろんな味になる

土地の味わいが〝ワインの王様〟の個性をつくる

ブルゴーニュは、ボルドーと双璧をなす一大銘醸地だ。紀元前六〇〇年ごろからワインは造られていたが、十一世紀ごろには修道院でのワイン造りが盛んになり、修道士たちが土壌や醸造法を熱心に研究し、品質が一躍向上したという経緯がある。

ボルドーワインが〝ワインの女王〟といわれるのに対し、この地方の赤ワインは〝ワインの王様〟と称される。全体的には、タンニン分が少なく、渋みを抑えたビロードのようなのどごしと、アルコール度数の高い力強い味わいである。

ただ個別の銘柄でみてみると、味わいはそれぞれかなり異なる。この地方は、成分の違う地層が複雑に重なり合ってできている。そのためった十メートル離れただけでも、畑の性質は違ってしまう。

さらに、ゆるやかな丘陵地帯であるブルゴーニュは、日照の具合や気温の差などが畑によって微妙に異なる。このような土地の環境の違いが、ワインの個性に大きな影響を与えている。それぞれのワインの誕生地を思い浮かべながら飲み比べをするのも、格別に楽しいものだ。

モンローボトルとバーグマンボトル

ボルドーとブルゴーニュのワインは、ボトルの形でどちらかわかる。イカリ肩がボルドー型で、曲線でなで肩なのがブルゴーニュ型だ。

形の違いにはちゃんと理由がある。肩の部分があると、注ぐときに澱が入りにくいのだ。澱がほとんどみられないブルゴーニュワインには、肩が必要ない。

アメリカでは、ボトルの形を、有名な女優イングリット・バーグマンとマリリン・モンローのふたりにたとえる向きもあるらしい。イカリ肩のバーグマンがボルドー型、豊満な肉体のモンローがブルゴーニュ型だ。

土壌の違いが味に個性を生む

ブルゴーニュのワインはボルドーのようにぶどうをブレンドしない。単一品種のぶどうから造られる。それでも味には違いがでる。理由のひとつはぶどうのでき、もうひとつは醸造と熟成の違いだ。

ぶどうのできを左右する要因のひとつには、水分や養分の源である土壌の違いがある。

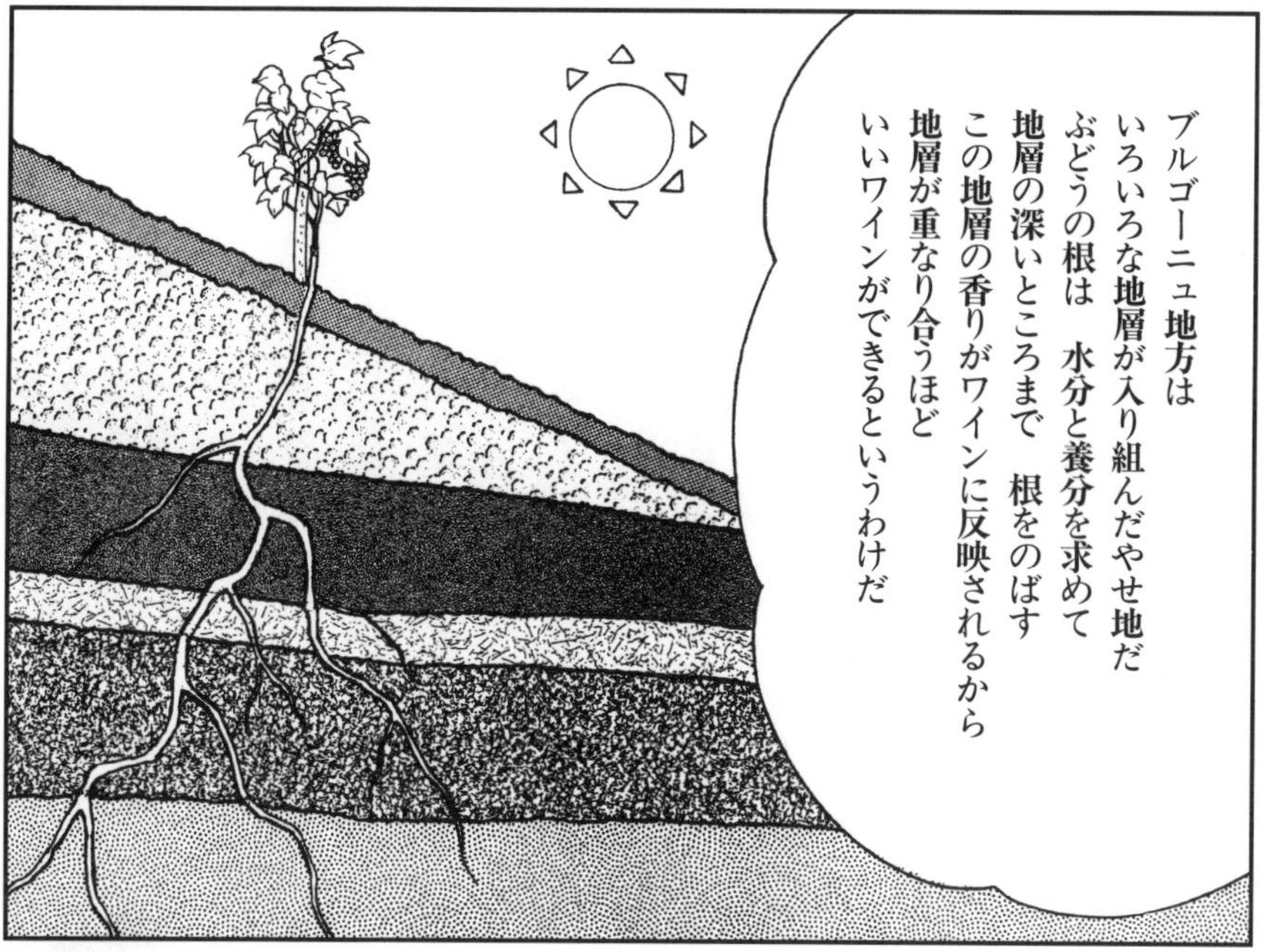

ブルゴーニュ地方は
いろいろな地層が入り組んだやせ地だ
ぶどうの根は　水分と養分を求めて
地層の深いところまで　根をのばす
この地層の香りがワインに反映されるから
地層が重なり合うほど
いいワインができるというわけだ

石灰質

ブルゴーニュ北部、シャブリ地区でみられる。シャルドネ種に適した土壌で高品質のぶどうができ、酸味や味わいのしっかりした白ワインになる。

粘土石灰質／泥灰質

ブルゴーニュ北部でみられる。ピノ・ノワール種などに適しており、ボリューム感のある高い品質の赤ワインができることが多い。

花崗岩質

固い岩で、水はけがいい。ミネラルが豊富で、ぶどうもミネラルを吸収して育つ。マコネー地区、ボージョレ地区などブルゴーニュ南部でよくみられる。

砂質

水はけはいいが、栄養分が少なめ。軽いワインを造るのに適している。他の土壌と層を成す場合は、ワインにしなやかさをだすこともある。

key word 44　ドメーヌとネゴシアン

ブルゴーニュの畑には〝農民の手〟をもつ生産者がいる

ブルゴーニュには、ひとつの畑を複数の生産者が分割して所有しているという特徴がある。フランス革命後、国家に没収されていた畑を、ボルドーでは貴族が買い戻したが、ブルゴーニュでは農民に分割して与えられたからだ。この地方が一大銘醸地として発展してきたのは、みな小規模生産者のため、自らの収入を増やそうと、ワインの質を高める努力を惜しまなかったからでもある。

しかし、なにしろ小規模生産者ばかりなので、どこも瓶詰めなどの設備をもっていない。そこで、ネゴシアンと呼ばれるワイン商たちが小規模生産者のワインを買いつけ、同じ畑の他の所有者が造ったワインとブレンドし、品質を調整して瓶に詰め、独自のブランドとして出荷しているのも、この地方の特徴だ。

一方、栽培から瓶詰めまで責任をもって行っている生産者もいて、これをドメーヌという。このようなワインのラベルには、「ドメーヌ元詰め」と表示される。高級ブルゴーニュワインの多くはドメーヌの手によるが、ネゴシアンもののなかにも優秀なワインがたくさんある。

旨い酒と
旨い料理
最高だよね

ブルゴーニュは美食の里

おいしいワインには、なんといってもおいしい料理が欠かせない。ブルゴーニュには、かつて栄華をきわめたブルゴーニュ公国があった。その首都だったディジョンの宮廷では、夜な夜な豪華絢爛な饗宴が開かれていたという美食の地だ。

名物はエスカルゴや牛肉のワイン煮などだ。美食の伝統はいまも引き継がれ、町にはミシュランの三ツ星、二ツ星のレストランが軒を並べている。どこを選べばいいか迷ってしまう。

ブルゴーニュは、ワインと料理の両方を堪能できる、グルメ垂涎の地なのである。

ブルゴーニュの造り手たち

ぶどうの栽培がもっともやりがいのある仕事かな

ぶどう栽培者
醸造設備がなく、ぶどうの収穫後にネゴシアンに売る。

これは私が畑を所有してから初めてのワインなのです

ドメーヌ
畑をもち、ぶどう栽培から出荷までを行う生産者。

クールティエ
(仲買人)
あらゆる生産者の情報を武器に、ぶどうや樽ワインを醸造家、ネゴシアンへ仲介する。

土壌の質から生産者のポリシーまでなんでも調べるよ
あらゆる情報は私に聞けばわかるそれが理想なんだ

醸造の瞬間こそ人の力がためされるときです

醸造家
ぶどうの栽培から醸造まで行う。瓶詰め装置をもたないため、樽のままワインをネゴシアンに売る。

ネゴシアン
ワイン商のこと。できあがりのワインを集めて(ブレンドする場合も)出荷するほか、ぶどうを集めて醸造するところもある。自分の畑を所有し、栽培からする大手もある。

key word 45 ブルゴーニュの生産地

ゆるやかな丘陵地で銘醸ワインが造られる

ブルゴーニュ地方はパリの南東、ソーヌ川に沿って南北に細長くのびるゆるやかな丘陵地で、六つの生産地区をもつ。

もっとも北にあるのが、辛口白ワインで全世界的に有名なシャブリ地区だ。シャブリを南下すると、ソーヌ川の西岸にのびる日当たりのよい小高い丘に至る。ここが、コート・ド・ニュイ地区とコート・ド・ボーヌ地区だ。このふたつの地区を合わせて、コート・ドールという。

ボルドーより北にあるため平均気温は低いが、朝夕の温度差が大きく、そのことがぶどうの生育に最適な環境をつくっている。コート・ドールとは、〝黄金の丘〟の意味。その名のとおり、長期熟成タイプの優秀な赤ワインが数知れず生まれている銘醸地なのだ。

さらに南に下がると、低くて広い草原地帯になり、ここにコート・シャロネーズという地区がある。さらに、ブルゴーニュ最大の白ワイン生産地であるマコネー地区、そして造りたてのフレッシュワイン、ヌーボーでおなじみのボージョレ地区とつづく。ブルゴーニュ全体の赤ワイン生産量のうち、もっとも多いのは、土地が広大なボージョレだ。

赤ワインの優良年（★印はとくに優良年）

'99★　'97　'96★　'95　'90★　'89　'85

八〇年代のものは、ワインによってはベストなものもあるが、ブルゴーニュの赤ワインはボルドーほど長持ちしない。飲み頃をすぎたものもある。

九六年はブルゴーニュ北部地区がとくにいい。

九九年はブルゴーニュ全域にわたってぶどうのあたり年。

二〇〇三年は猛暑の影響を受けた。ワインがどう熟成するか見守りたい。

ブルゴーニュ地方のおもな生産地

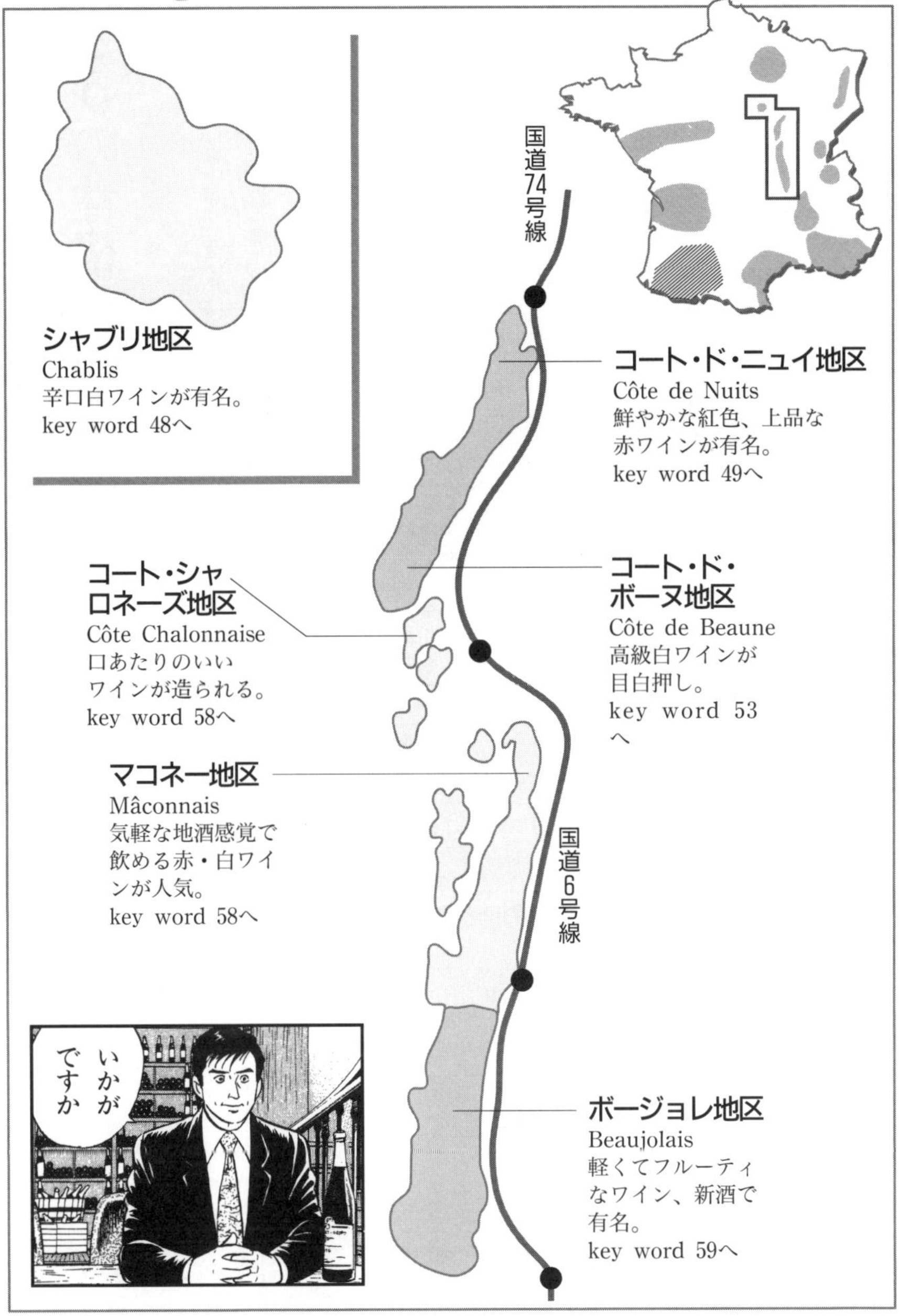

シャブリ地区
Chablis
辛口白ワインが有名。
key word 48へ
国道74号線
コート・ド・ニュイ地区
Côte de Nuits
鮮やかな紅色、上品な赤ワインが有名。
key word 49へ
コート・シャロネーズ地区
Côte Chalonnaise
口あたりのいいワインが造られる。
key word 58へ
コート・ド・ボーヌ地区
Côte de Beaune
高級白ワインが目白押し。
key word 53へ
マコネー地区
Mâconnais
気軽な地酒感覚で飲める赤・白ワインが人気。
key word 58へ
国道6号線
いかがですか
ボージョレ地区
Beaujolais
軽くてフルーティなワイン、新酒で有名。
key word 59へ

key word 46 ブルゴーニュのぶどう

ピノ・ノワール、シャルドネ……ぶどうの性格が顔をだす

ブルゴーニュではほとんどのワインが、単一のぶどう品種から造られている。複数の品種をブレンドしているボルドーと、この点が大きく違う。品種をひとつに絞ることで、そのぶどうのもつ性格が、ワインの味わいにそのままあらわれてくるのだ。

赤ワインの代表品種が、ピノ・ノワール。とくにブルゴーニュ北部では、この品種が主流だ。ピノは、皮がうすくて腐りやすく、土壌のえり好みも激しい気むずかし屋だが、よく実ったピノ・ノワールからは、明るい色をした、魅惑的な香りの逸品が生まれる。

ブルゴーニュの南部では、ガメ・ノワール種がつかわれる。フルーティな味わいのさわやかなワイン、ボージョレが有名だ。

白ワインは、シャルドネという品種から造ることが多い。シャルドネをワインのブランド名と思っている人もいるようだが、ぶどうの品種名なのだ。レモンのような果実の香りが豊かで、しかもまるみのある辛口の白ワインになる。栽培が比較的容易なので、世界でもっとも人気の高い品種だ。

白ワイン（辛口）の優良年（★印はとくに優良年）

'00　99★　'98　'97　'95★　'92　'89★　'86　'85

上質な白ワインのなかには十年以上熟成がつづくものもある。だが、ほとんどは十年以内が飲み頃。

八九年は、シャルドネ、ピノ・ノワールともにいいぶどうができた。最高銘柄のものはいま飲んでも楽しめるはず。

九五年のコート・ド・ボーヌ地区の良品はちょうど飲み頃になっているだろう。

九九年もあたり年。まだ飲み頃には早いかもしれないが、早いうちから楽しめそうだ。

味の決め手になる代表品種

赤ワイン用のぶどう

ピノ・ノワール
Pinot noir
小さく丸く黒いぶどうで、果皮が厚い。ブルゴーニュ北部の地域で栽培される。高級赤ワインの原料として、カベルネ・ソーヴィニヨンと肩を並べる。カベルネ系のワインよりも熟成期間は短めである。薄い色、タンニンの少なさが特徴。きわめてデリケートなぶどうで、適応できない土壌だとすっぱいワインにしかならない。

ガメ
Gamay
粒は大きめで、房も大きい。ブルゴーニュ地方南部の地域（おもにボージョレ）で栽培される。
ラズベリーのような果実の香りと、軽さ、さわやかさを合わせもつワインになる。

うん!! 今年もよく 育っている じゃないか
夏場の日照時間と 雨によって　糖度が変わるから まだなんともいえないな

白ワイン用のぶどう

シャルドネ
Chardonnay
小さい房で耐寒性がある。熟成期間は短く、完熟すると深い黄緑色から琥珀色になる。オーク樽でも、ステンレスタンクでもそれぞれの個性をいかした熟成をする。
ブルゴーニュで偉大な白ワインと評されるもののほとんどは、このぶどうがつかわれる。

アリゴテ
Aligoté
控えめな香りと、淡い色調で酸味のあるワインができる。粒は大きめで一房に実る数も多い。
高級品にはつかわれず、おもにマコネー地区で消費されるワインにつかわれる。

畑に名前と格付けがある

ブルゴーニュでおもしろいのは、ぶどう畑の区画にそれぞれ名前がつき、その畑に対する格付けがあることだ。地方・地区名ワインや村名ワインのほかに、一級畑ワイン、特級畑ワインの区分を設けている。

生産量の九割近くが地方・地区名ワイン、村名ワインで、一級畑ワインが一割程度、そして特級畑ワインは、わずか三%しかない。一級は畑名と村名を記載するが、特級は畑名だけでいい。それだけその畑にたいへんな誇りをもっているわけだ。

では同一畑名のワインはみな同じかというと、そうはいかない。ブルゴーニュの畑は複数の人が所有しているので、同じ畑名でも、ワインの質自体はまったく別物。だから以前に飲んで気にいったので、同じ畑のワインを買って飲んでみたら、覚えていた味と違っていたということもありうる。

同じ畑のワインをブレンドして造るネゴシアンのものはともかく、少なくともドメーヌものは畑名だけでなく、生産者の名前も覚えておきたいものだ。

僕の畑は
いちばん左から
四うね分だけ
なんだ

畑をみても、どこからどこまでがだれの畑なのかわからないことがほとんどだ。

畑の格付けは3段階

村名ワイン

その村のワイン法で規定された畑からとれたぶどうで造られる。同じ村の畑なら、ブレンドしてもいい。村の名前がワイン名になる。ラベルには〔村名＋生産者名〕がおもに記載される。

１級畑名ワイン
Premier Cru

１級と規定された畑からとれたぶどうで造られる。通常、ラベルには〔村名＋１er cru（＋畑名）＋生産者名〕が記載されるが、畑名の記載はないこともある。

特級畑名ワイン
Grand Cru

特級と規定された畑からとれたぶどうで造られる。ラベルには〔畑名＋Grand Cru＋生産者名〕がおもに記載される。畑名がAOC（原産地統制呼称）になるため、村名の表示は必要ない。

同じ名前なのに、味が違う

ブルゴーニュ地区で造られているワインはたくさんある。生産者によって同じブルゴーニュでも、質や味わいが異なるのは納得できるだろう。
畑名ワインや特級畑でも同じことがおこる。ひとつの畑を一個人で所有している（モノポールという）ことのほうが、ブルゴーニュではめずらしい。
だから、ブルゴーニュではとくに生産者の名前のチェックが大切になるのだ。

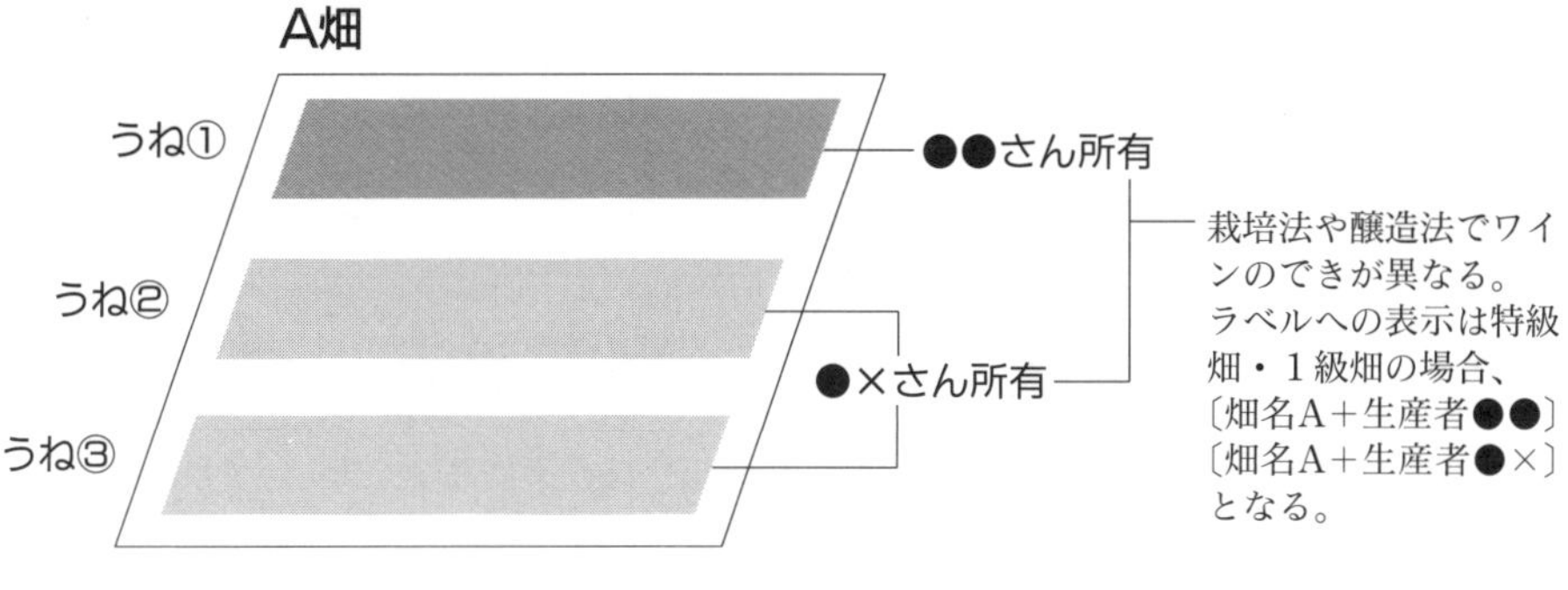
A畑
うね①
うね②
うね③
●●さん所有
●×さん所有
栽培法や醸造法でワインのできが異なる。
ラベルへの表示は特級畑・１級畑の場合、
〔畑名A＋生産者●●〕
〔畑名A＋生産者●×〕
となる。

Point
畑の所有者のすべてが、ワインの出荷までを自分で行うわけではない。ぶどうや醸造したワインを、ワイン商（ネゴシアン）に売ることもある。ワイン商は買い取ったぶどうやワインをブレンドして瓶詰めし、出荷する。この場合、ラベルには畑の所有者の名前ではなく、ワイン商の名前が表示される。

シャブリといえば白ワインの代名詞

ブルゴーニュの最北、シャンパーニュ地方と隣り合わせに位置するシャブリ地区は、日あたりがよく、小石混じりで石灰質を含んだ、キンメリジャンと呼ばれる土壌をしている。これがシャルドネという品種の栽培に最適で、この品種から酸味と豊かな香りが絶妙にマッチした、黄金色の白ワインが誕生する。いわずと知れた、シャブリだ。

同じシャブリといっても、ピンからキリまでいろいろある。たんにシャブリと呼ばれるのは、四つに分けられた格付けの下から二番目。シャブリでも高級なのは、特級のシャブリ・グラン・クリュと一級のシャブリ・プルミエ・クリュだ。最高級であるシャブリ・グラン・クリュの畑は、ヴォーデジール、レ・クロ、ブーグロなど七つある。

世界に名を馳せた名酒だけに、カリフォルニア、オーストラリアなどに、シャブリと名を冠した白ワインがあるが、もちろんブルゴーニュ産とは別物。本物のシャブリは、AOC法の厳しい基準のもとに造られている。名称にまどわされず、AOCワインかどうか、ラベルをしっかりとチェックしてから飲もう。

強烈なにおいに
たまらなく
そそられちゃう

シャブリで洗われたチーズでシャブリを飲む

ワインともっとも相性のいい食べ物といえば、いうまでもなくチーズだ。

多種あるチーズのなかに、熟成中のやわらかさを保ったり、塩分を含ませるために、塩水やマール酒（ワインの絞りかすから造った蒸留酒）で洗った、ウォッシュというタイプがある。

ウォッシュタイプのひとつで、シャブリのマール酒で洗ったチーズがアフィネ・オ・シャブリ。オレンジ色に輝くこのチーズは、香り高い濃厚な味だ。

もちろんベストマッチのワインは、シャブリに決まっている。

日本に輸入される大部分はシャブリの上

しまりがあるうえに繊細でやわらかいシャブリもあるのね
うん上物シャブリはリッチな和食にぴったり合うね

シャブリ・グラン・クリュ Chablis Grand Cru	特級ワイン。熟成を経て味わいが複雑になり、繊細かつ優雅できりっとした切れ味をもつ。最低アルコール度数11度。
シャブリ・プルミエ・クリュ Chablis Premier Cru	1級ワイン。玉石混交でグラン・クリュに負けないものも、程遠いものもある。最低アルコール度数10.5度。
シャブリ Chablis	フレッシュワインが基本だが、ヴィンテージや生産者によりいろいろなタイプがある。最低アルコール度数10度。
プティ・シャブリ Petit Chablis	若いうちに飲む軽いワイン。日本へはあまり輸入されない。最低アルコール度数9.5度。

カキと合うのは若いシャブリ

「カキにはシャブリ」がいいといわれるが、注意したいのは海水を含んだ生ガキに合うのは、酸味のある若いシャブリということ。

上物や年代もののシャブリだと優美な味わいが失われてしまう。高級なシャブリは繊細な料理と合わせたい。

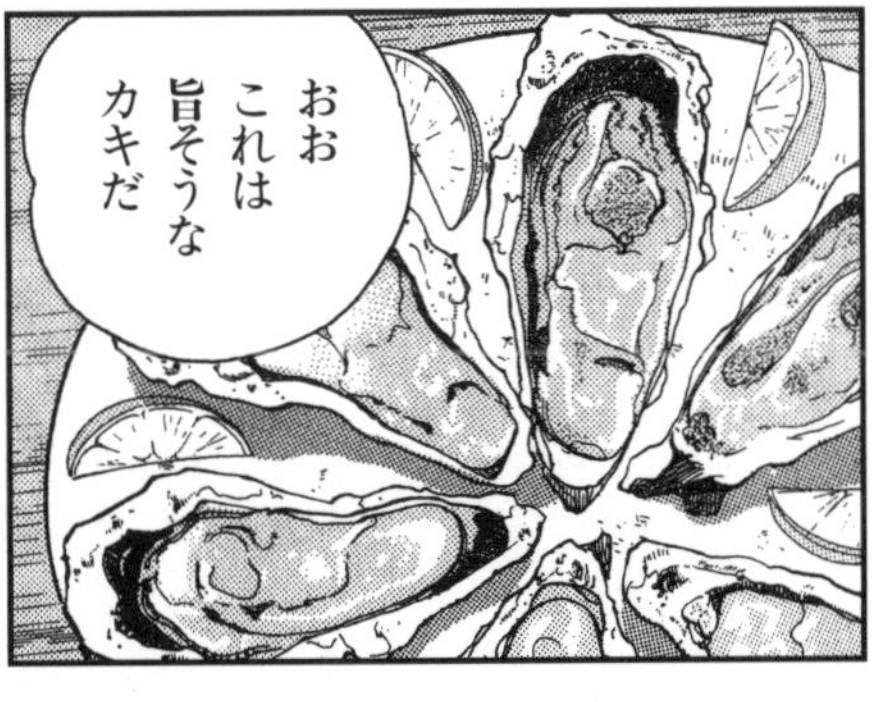
おおこれは旨そうなカキだ

key word 49　コート・ド・ニュイ地区

長熟タイプの銘酒がそろう赤ワインの里

ロマネ・コンティ、シャンベルタンといった、世界に名だたるワインを生みだしているのが、コート・ド・ニュイ地区だ。

長さ二十キロ、幅約一キロと、帯状に長く伸びたこの地区の、南あるいは南東斜面に広がる日照に恵まれた畑で栽培されるのは、ほとんどがピノ・ノワール種。この品種から造られる赤ワインは、長期熟成タイプの逸品ぞろいだ。アルコール度が高く、豊かな芳香を楽しめる。

赤ワイン以外にもわずかながら、シャルドネから白ワインとロゼワインが造られている。

この地区には、ＡＯＣを名のれる村や畑が鈴なりだ。たとえばこの地区の代表的な村であるジュヴレ・シャンベルタンには、特級畑が九つもあるし、ロマネ・コンティのあるヴォーヌ・ロマネには八つの特級畑がある。そのほかマルサネ、フィサン、ヴージョ、モレ・サン・ドニ、ニュイ・サン・ジョルジュなど、名前をあげていけばキリがない。

すべてを知るには時間もお金もかかる。ブルゴーニュだけでなくフランスを代表する銘醸地なのだ。

ワイン用の
トランクルーム
もあるよ

長期に保存するときは注意を

長期熟成タイプのワインが好きな場合、注意したいのが保存状態だ。自宅にワインセラーがあったり、どこか預けられるところがないと、買ったワインを長期間自分で保存するのはなかなかむずかしい。

手っ取り早いのは、すでに熟成された年代ものを、飲みたいときに買うことだが、これは懐具合が気になる。ワイン用の小さな家庭用セラーがあれば、めぼしいものを見つけたときに、安心して手をだせる。

それほど長期でなく保存するなら、発泡スチロールなど断熱性のある箱に入れ、床下や納戸など、温度変化の少ない、湿気のないところに入れておくといい。

赤の逸品とであえる村

マルサネ Marsannay ── ピノ・ノワールから辛口のロゼが造られる。ロゼと赤にAOC（原産地統制呼称）がある。

フィサン Fixin ── タンニンが強いため、長期熟成タイプの赤ワインが多くなる。隣のジュヴレ村のワインに似ている。手ごろな値段で手にはいる。

ジュヴレ・シャンベルタン Gevrey-Chambertin ── key word 50へ

モレ・サン・ドニ Morey-Saint-Denis ── 村の面積はジュヴレ村の半分しかない。クロ・サン・ドニClos-Saint-Denis、クロ・ド・ラ・ロッシュClos de la Roche、ボンヌ・マールBonnes Maresなど５つの特級畑と５つの１級畑がある。
北半分はジュヴレ村、南半分はシャンボール村の土質に似ている。

シャンボール・ミュズィニ Chambolle-Musigny ── 果実の華やかな香りがある、女性的なワインを造る。ブルゴーニュの赤としては魅力的な逸品だ。ミュズィニ・ブランという白ワインも造られる。これはニュイ地区の白ワインで唯一の特級ワインだ。

ヴージョ Vougeot ── key word 51へ

ヴォーヌ・ロマネ Vosne-Romanée ── key word 52へ

ニュイ・サン・ジョルジュ Nuit-Saint-George ── 特級畑はないが、実力は十分な畑もある。北部の畑で造られているワインは隣り合わせるヴォーヌ・ロマネのワインに似ている。
ニュイ地区のワイン取引の中心地で、ネゴシアンやブローカーの拠点。

ヴォーヌ村のワインはどの銘柄もおそろしく高い値段で取り引きされているわ
いまは世界的に赤ワインのブームだもの

昔は甘口のワインや白ワインの消費が多かった。近年のワインブーム以来、日本でも赤が優勢だ。

比類ないワインは〝ナポレオンのお墨つき〟

村の名前はジュヴレなのだが、村中でもっとも名高い畑シャンベルタンをつなげて、ジュヴレ・シャンベルタンと呼ばれている。

コート・ド・ニュイ、ひいてはブルゴーニュ、さらにはフランス全土でもっとも名高いワイン産地のひとつだ。コクのある、長期熟成の力強いワインは、かのナポレオンも愛飲したという。実際にはナポレオンはワインを飲まなかったそうだが、愛飲したとの伝説が生まれるほど、シャンベルタンのワインは世界最高峰との評判が高かったのだ。

むろん現在でも、九つの特級畑から極上のワインが生まれているが、一方ではシャンベルタンの名声にあやかった凡庸なワインもでまわり、玉石混淆の状況といえるので注意が必要だろう。

ジュヴレ・シャンベルタンという村名のワインは、村のなかのどの畑からとってもいいことになっているため、生産者の腕によって、いいワインも平凡なワインも生まれてしまうのだ。

もちろんシャンベルタンやシャンベルタン・クロ・ド・ベーズ、シャルム・シャンベルタンなどの、畑名ワインなら心配はいらない。

ネゴシアン①

メゾン・J・フェブレ Maison J. Faiveley

ニュイ・サン・ジョルジュを拠点にするネゴシアン。ジョゼフ・ドルーアン社、ルイ・ジャド社と並び、ブルゴーニュの三大ネゴシアンとして名が通っている。生産するワインの７割近くが自社畑で栽培したぶどうから造られたもの。つまり、ネゴシアン（ワイン商）というよりもドメーヌ（生産者）としての活躍のほうが、いまでは有名だ。

100ha以上の自社畑には、シャンベルタン・クロ・ド・ベーズをはじめ有名な畑も多い。総じて品質がよく、村名ワインや地方名ワインの評価も高い。「いいワインは、いいぶどうから」の信念で、ぶどうの選別は厳しい。

特級畑名と村名が似ているのが、ややこしい原因

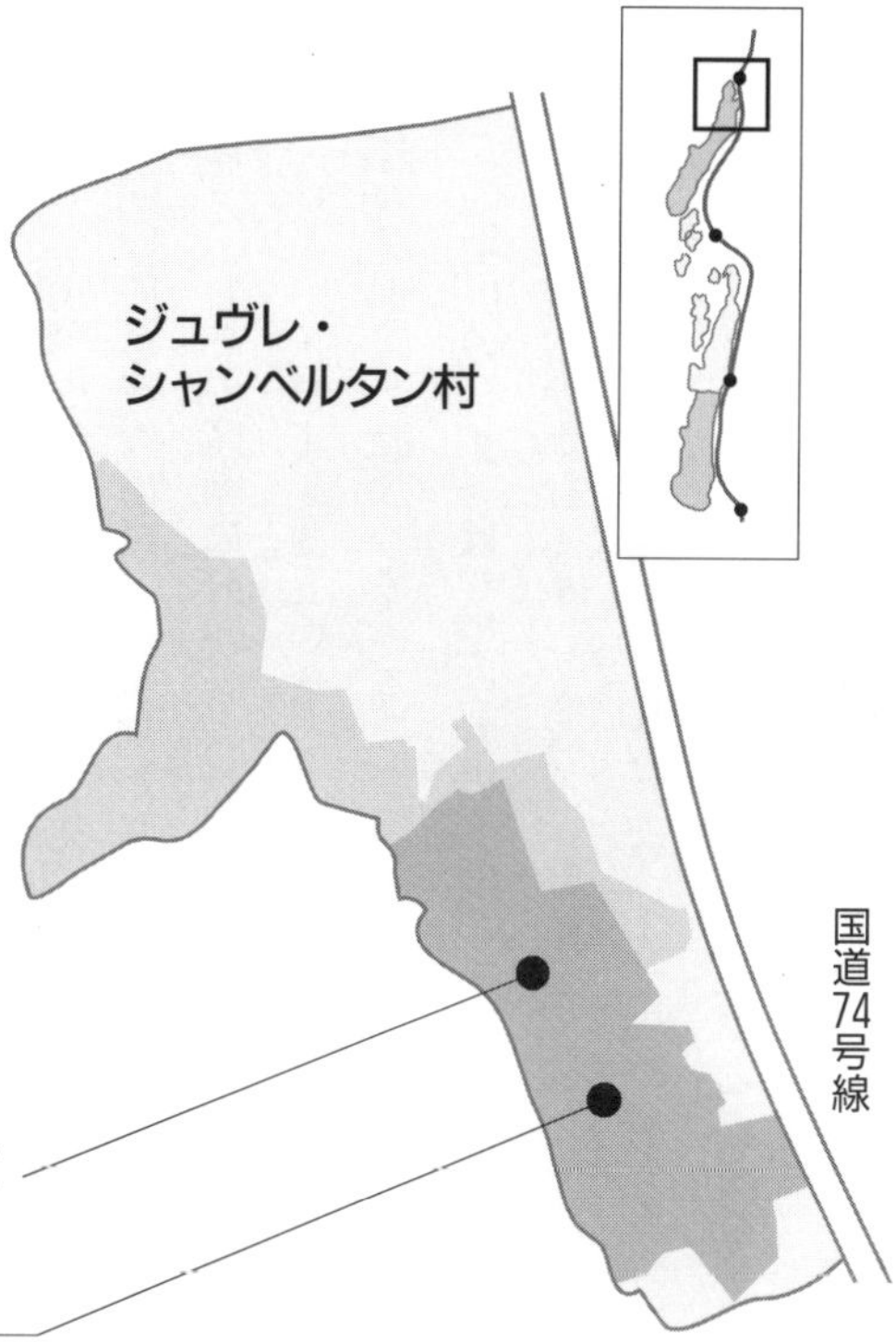

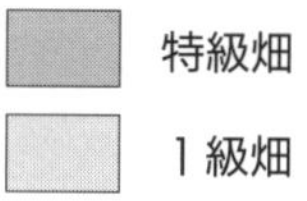

村名ワイン

ジュヴレ・シャンベルタン
Gevray-Chambertin

畑を問わず、この村からとれたぶどうから造られたワイン。いい生産者のものは快適な力強い赤ワインになる。

1級畑名ワイン

ジュヴレ・シャンベルタン
+1er cru（+畑名）

1er cruの表示があるワイン。特級ワインほどリッチではないが、美しい色の赤ワインが多い。畑によっても生産者によっても味わいが変わる。

特級畑名ワイン

シャンベルタン・クロ・ド・ベーズ
Chambertin Cros de Bèze

シャンベルタン
Chambertin

上のふたつは特級畑のなかでも別格だ。ブルゴーニュの赤の御三家といわれるだけあって、力強くなめらかで格調高いワインだ。

下にあげる特級畑のワインは
「畑名+シャンベルタン」というラベル表示になる。Grand cruの表示もつく。

シャルム・シャンベルタン	Charmes-Chambertin
マゾワイエル・シャンベルタン	Mazoyères-Chambertin
シャペル・シャンベルタン	Chapelle-Chambertin
グリオット・シャンベルタン	Griotte-Chambertin
ラトリシェール・シャンベルタン	Latricières-Chambertin
マジ・シャンベルタン	Mazis-Chambertin
リュショット・シャンベルタン	Ruchottes-Chambertin

利き酒騎士団がワインの味を保証する

ヴージョ村はいまでこそ、シャンベルタンやロマネ・コンティより知名度は低いが、かつてはこのふたつの銘醸地と肩を並べ、ブルゴーニュ赤ワインの三高峰のひとつに数えられていた。

この村が誇る特級畑が、クロ・ド・ヴージョ。十二世紀にはシトー派の修道院があった場所で、畑のまわりは石垣で囲われている。

クロとは、囲いの意味なのだ。特級畑としてはブルゴーニュ最大だが、クロのなかは一〇七もの区画に分かれ、八十人もの所有者がいる。それだけに同じクロ・ド・ヴージョといえど、品質レベルはまちまちで、なかにははずれのワインも混じっているのが現状だ。

となるとこの地区のワインは、生産者の名前のチェックがとくに重要になり、素人には選ぶのがむずかしくなる。しかし、強い味方がいる。ぶどう栽培者や醸造家などで構成された「ワイン試飲盃をもった騎士団」という団体だ。クロ・ド・ヴージョ畑の中央にある城を拠点に、毎年各種のワインを試飲して、合格した樽に特製のラベルを貼っている。このラベルを許されたワインなら、はずれはないというわけだ。

ネゴシアン②

メゾン・ジョゼフ・ドルーアン Maison Joseph Drouhin

1880年に設立。上質なワインを提供することを目標に、クロ・ド・ヴージョやル・モンラッシェなどの特級畑、１級畑を次々と手に入れて拡大していった。

ヴージョ村をはじめ、ブルゴーニュ各地に畑を所有し、栽培、醸造も行っている。その土地土地の味わいを大切に引きだすことをモットーとし、現在も創業以来の家族経営がかわらずに受け継がれている。世界中の愛好家から愛されているネゴシアンだ。ニュイ地区のボーヌ村に本拠地がある。

アメリカのオレゴンにもワイナリーをもっている。

80人もの生産者がひしめく畑

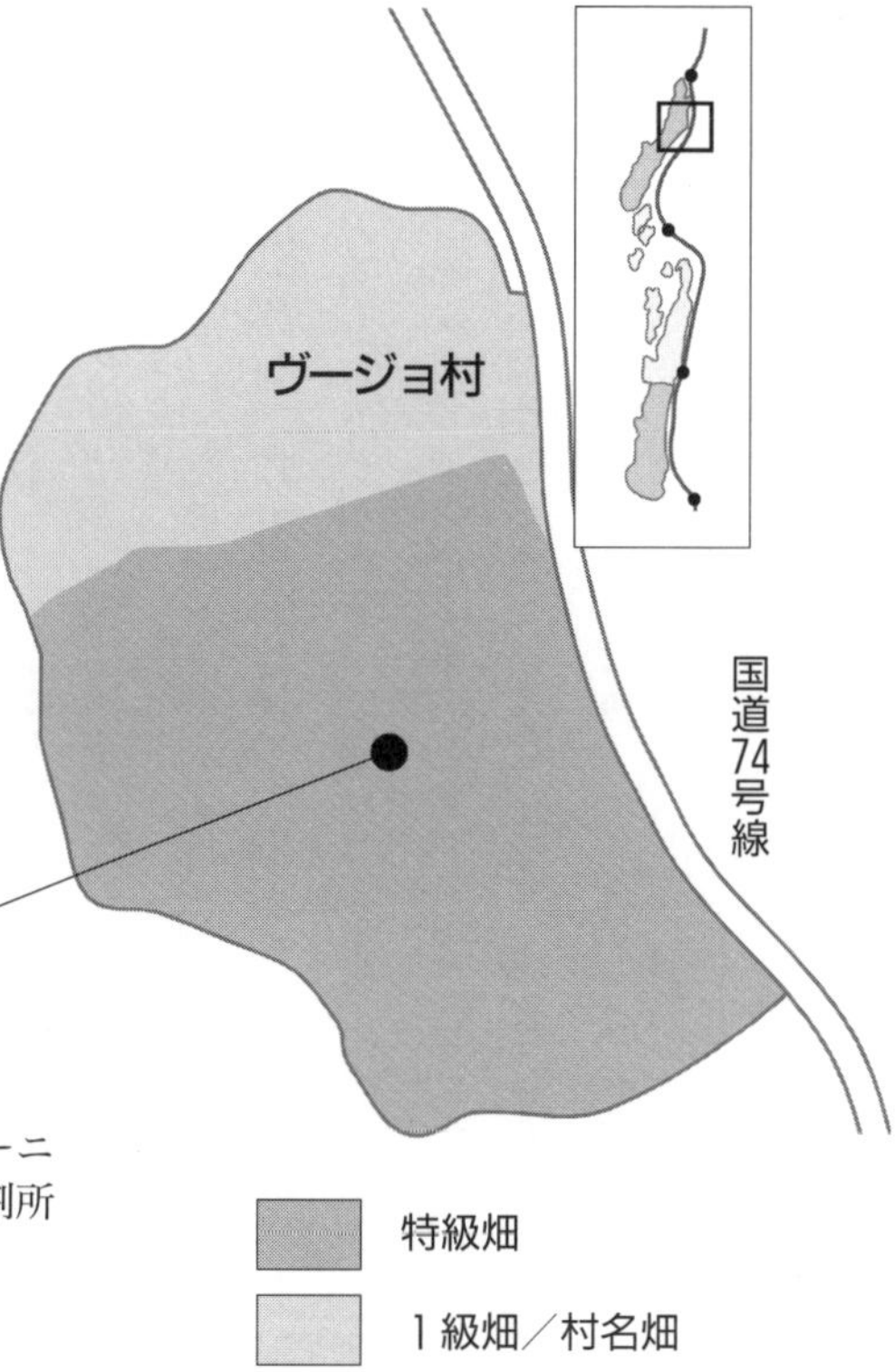
ヴージョ村
国道74号線
特級畑
1級畑／村名畑

村名ワイン

ヴージョ
Vougeot
赤は特級畑ワイン、クロ・ド・ヴージョに雰囲気が似ている。白ワインはまったりとしている。量は少ない。

1級畑名ワイン

ヴージョ＋1er cru(＋畑名)
生産量は少ないがレ・クラLes Cras、レ・クロ・ブランLe Cros Blancなどの、4つのワインがある。

特級畑名ワイン

クロ・ド・ヴージョ
Cros de Vougeot
深みのある長期熟成タイプ。ブルゴーニュ赤の御三家のひとつだったが、分割所有のために品質はまちまちになった。買うときは造り手に注目しよう。

友が 傷心の僕に
高級ワインを届けてくれた
飲んで
彼女のことは忘れよう
CLOS VOUGE

もっとも有名な もっとも誇り高い村

ヴォーヌ・ロマネ村は狭い土地ながら、世界に名をとどろかせた銘酒がキラ星のように並ぶ、まさに宝の山だ。

宝の山の中央にあるのが、〝ワインの王様中の王様〟といわれる、ロマネ・コンティ。年間わずか一万本しか生産されていない極上ワインのビロードのような口あたりは、ワイン愛好家の垂涎《すいぜん》の的である。

ロマネ・コンティの名声は、いまに始まったものではない。十八世紀に、この畑の所有をめぐり、ルイ十五世の寵愛を受けたポンパドール夫人とコンティ侯爵との間で大争奪戦が繰り広げられたという逸話からも、当時からの人気の高さがうかがえる。結局はコンティ侯爵のものになったことから、ロマネ・コンティの名前がつけられている。

ロマネ・コンティの畑をとりまくように、ラ・ターシュ、エシェゾー、リシュブール、ロマネ・サン・ヴィヴァンといった、ロマネ・コンティに匹敵する銘酒の畑がずらりと並ぶ。

この村の赤ワインは、どれを飲んでもはずれはないといわれる。それほどこの村には、ワイン造りの名手がひしめいているのだ。

ちょっと得した気分だね

ロマネ・コンティ生産者が贈る800円の白ワイン

ロマネ・コンティの最高責任者であるド・ヴィレーヌ氏は、コート・シャロネーズ地区の村で、白ワインの生産もしている。この地にはそれまで平凡な白ワインしかなかったのだが、アリゴテという品種や醸造法の改良に情熱を傾け、ふくよかな香りの上質な白ワインを誕生させた。

１本数十万円はするロマネ・コンティに対し、この白ワインの値段は、日本円にしてわずか800円ほど。

つねにより上質のワインを追い求める生産者の情熱は、安価なものにも高価なものと同じように注がれているのだ。

村一帯が超一流の味わいをもつ

村の端から端まで銘酒の畑が並ぶ村だ。さらに、北隣にあるフラジェ・エシェゾー村のエシェゾーEchézeauxと、グラン・エシェゾーGrand Echézeauxもヴォーヌ・ロマネのAOCを表記できる。バランスのいい香り高いワインを造る特級畑だ。

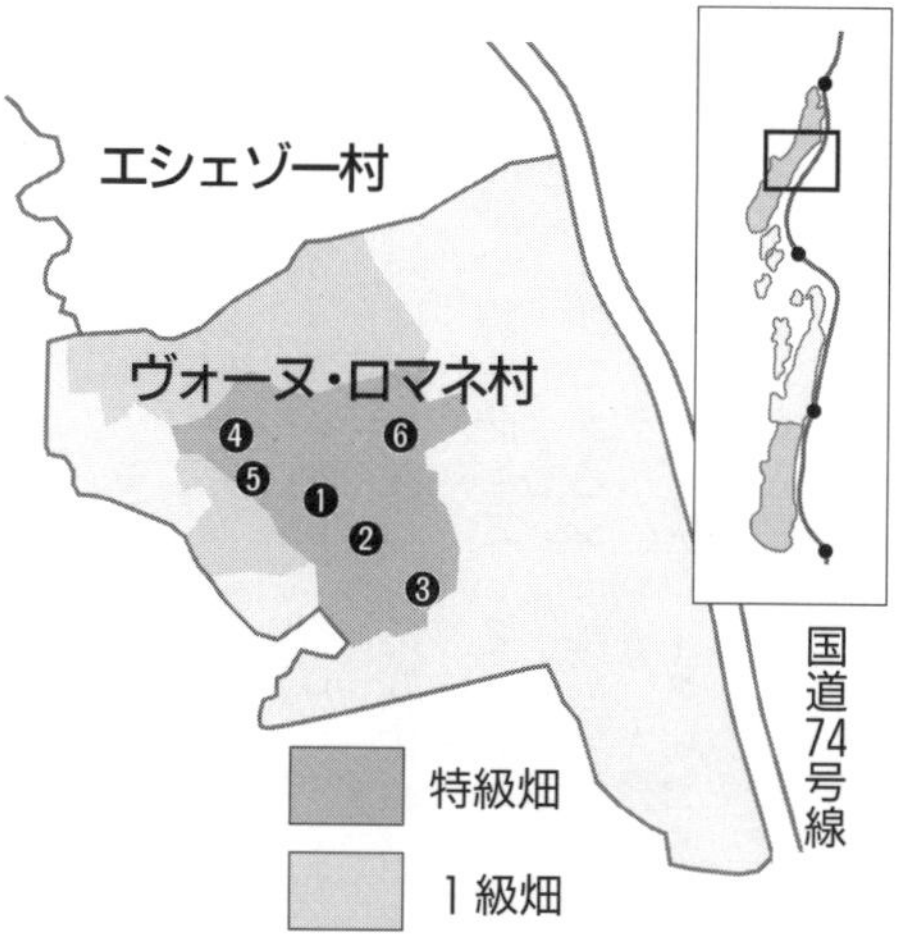

村名ワイン／1級畑名ワイン

ヴォーヌ・ロマネ
Vosne-Romanée
ブルゴーニュの真髄がわかるワイン。

特級畑名ワイン

❶ロマネ・コンティ
Romanée-Conti
いわずと知れたワインの王様。数十万円もするワインがある。世界的に有名。

❷ラ・グランド・リュ
La Grande Rue
畑はロマネ・コンティの南隣にある。高貴な香りあるワインが生まれている。

❸ラ・ターシュ
La Tâche
ロマネ・コンティに劣らず、色っぽく艶やかなワイン。

❹リシュブール
Richebourg
畑はロマネ・コンティの北隣にある。果実味が豊かなワイン。

❺ラ・ロマネ
La Romanée
コンティの西隣にある。1haに満たない小さな畑から造られている。

❻ロマネ・サン・ヴィヴァン
Romanée-Saint-Vivant
畑はロマネ・コンティの東隣。9.5haとほかに比べれば広い畑から造られている。

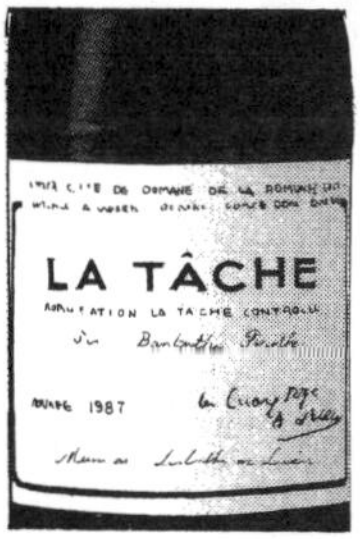

ラベルに輝く畑名。ひとめでわかる高級品だ。

世界最高峰の辛口白ワインが傑出

コート・ドールの南半分を占めるコート・ド・ボーヌ地区は、ぶどう畑の広さでいえば、コート・ド・ニュイの二倍の広さをもつ。

生産量の八割はピノ・ノワールから造られる赤ワインだ。最高級とはいえないまでも、コート・ド・ニュイのものより軽めで、しなやかな香り高い良質のワインが造られている。しかしコート・ド・ボーヌといえばなんといっても、シャルドネから造られる辛口の白ワインが白眉だ。

モンラッシェ、コルトン・シャルルマーニュ、ムルソーなどの、フランスを代表する高級白ワインのふるさとが、この地区なのだ。

コート・ド・ボーヌの地は、泥灰土、石灰石、鉄分を含んだ粘土質の石灰岩などが複雑にいり混じった変化に富んだ土壌で、ところどころに谷があり、北風や霜を防いでいる。このような土地柄が、白ワインの原料として秀逸の品種であるシャルドネを、ふくよかに育てている。

AOCを名のれる村は、アロース・コルトン、ムルソー、ボーヌ、ピュリニ・モンラッシェなど数多く、なかでもアロース・コルトンとピュリニ・モンラッシェは、特級畑や一級畑がそろう銘醸地だ。

赤ワインは ブルゴーニュと ボルドー 甲乙 つけがたいけど
辛口白ワインなら ブルゴーニュが 最高よね

しなやかな赤ワインと秀逸な白ワインを造る村

アロース・コルトン――key word 54へ
Aloxe-Corton

ペルナン・ヴェルジュレス――1級畑が4つあり、赤ワインと白ワインが造られている。
Pernand-Vergelesses

サヴィニ・レ・ボーヌ――20以上の1級畑がある。村の北側で造られているワインは軽いタイプの赤と白だ。
Savigny-lès-Beaune

ショレィ・レ・ボーヌ――軽めの赤が多く造られる。
Chorey-lès-Beaune

ボーヌ――key word 55へ
Beaune

ポマール――ボーヌ村に隣り合わせた赤ワインの村。コート・ドール最大級の面積を誇る。特級畑はないが、優秀な1級畑が多い。コクがあり、後口のさわやかなワインが造られている。
Pommard

ヴォルネイ――赤ワインを造る村。特級畑はないが、実力は相当なもの。上品で香りのいい優美なワインと、しっかりして力強いワインのふたつのタイプが造られている。ブルゴーニュを味わうには最適なワインだ。
Volnay

ムルソー――key word 56へ
Meursault

ピュリニ・モンラッシェ――key word 57へ
Puligny-Montrachet

シャサーニュ・モンラッシェ――赤ワインの生産量が白ワインを上回っている。この村独自の香りをもち、しっかりしたコクのある赤ワインが造られる。

Chassagne-Montrachet

オーセイ・デュレス――ボーヌ地区では南に位置する生産地。軽やかな赤、白ワインを造る。
Auxey Duresse

コルトン・シャルルマーニュ フランスを代表する偉大な白ワイン

コート・ド・ボーヌ地区のいちばん北にあるアロース・コルトン村は、〝コルトンの丘〟をぐるりと畑がとりまいた土地だ。コート・ド・ニュイ地区に近いため、コルトンという特級畑から造られる赤ワインは、ニュイのものに似た、コクのあるまろやかな味わいだ。

しかしもっとも有名な畑は、黄金色に輝く世界的に有名な白ワインを生みだす、コルトン・シャルルマーニュ。この名前がつけられたのは、八〇〇年に西ローマ帝国の皇帝になった大英雄シャルルマーニュ（カール大帝のフランス語読み）が所有していたことによる。

銘醸白ワイン誕生をめぐる、こんな伝説がある。ある日、大帝が赤ワインを飲んでいると、ひげが赤く染まってしまった。それを周囲の人がはやしたてたため、怒った大帝はこう怒鳴った。「私のぶどう畑からは今後、赤ワインを一切造ることを許さない、すべて白ワインにする」。

恐れいった人々は、大帝にほめられる上質の白ワインを造るべく、名誉をかけて研究に研究を重ねて、英雄が愛飲するにふさわしい超一流白ワインを造りだしたのだという。

ネゴシアン③

メゾン・ルイ・ラトゥール Maison Louis Latour

1797年創業のネゴシアン。高い品質と納得できる価格をめざして、研究をつづけている。タンニンが強すぎない赤ワイン、パワフルでしっかりした白ワインが特徴。

シャルドネ種から造る白ワインは定評があり、なかでもコルトン村で造られている辛口白ワインは、ルイ・ラトゥールの一押しだ。特級畑コルトンや、ル・シャルルマーニュなどを所有し、ぶどうの栽培から、ワインの出荷までするドメーヌでもある。

近年はマコネー地区や南フランスにも進出している。

皇帝の白ワインの地

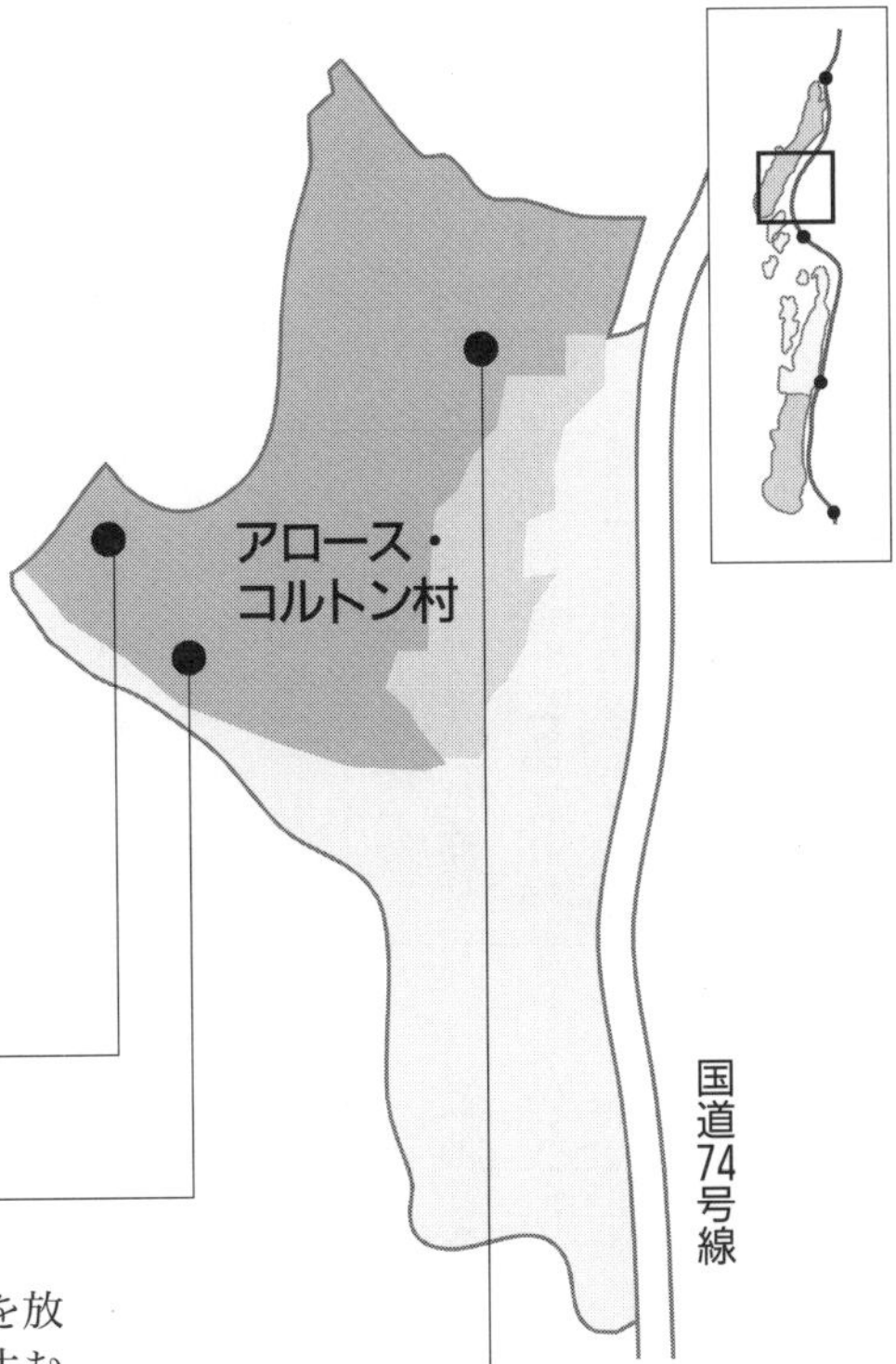
アロース・
コルトン村
国道74号線

村名ワイン

アロース・コルトン
Aloxe-Corton
赤ワイン、白ワイン両方とも造られる。ボーヌ地区の北にあり、ニュイ地区に近い。ワインの味も似ている。

1級畑名ワイン

アロース・コルトン
＋1er cru（＋畑名）
8つの1級畑がある。赤はわずかでほとんどが白ワインだ。

特級畑名ワイン

コルトン・シャルルマーニュ
Corton-Charlemagne

ル・シャルルマーニュ
Le Charlemagne
上のふたつの特級畑が、黄色い輝きを放つまったりとした辛口の白ワインを生む。特有の風味があり、フォアグラと相性がいい。

コルトン
Corton
ボーヌ地区ではこの畑でしか赤の特級ワインは造られていない。

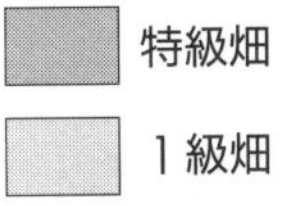
特級畑
1級畑

他の特級畑のワインはラベルに「畑名＋コルトン＋Grand Cru」と記載される。

さすがは大帝のワインだけあるな

トク
トク
トク
トク

近隣のワインが集結 〝ブルゴーニュの白〟を知る絶好の地

ボーヌは、ブルゴーニュワインの取引中心地であり、まさにブルゴーニュワインのメッカだ。町の地下にはくまなく地下道が掘られており、ブルゴーニュワインが多量に貯蔵されている。そして町の中心地には、十五世紀に建てられた慈善施療院オスピス・ド・ボーヌがあり、ここでワインの競売が行われている。

毎年十一月の第三日曜日には、世界のワイン商があつまって、その年にできたブルゴーニュワインの一大オークションが実施される。

この地方のワインが結集するこのときは、ブルゴーニュワインのすべてがわかる絶好の機会というわけだ。

もちろんボーヌ自体も、優秀なワイン生産地だ。特級畑こそないが、ほとんどが一級畑という土地はほかにあまり例をみない。ボーヌはネゴシアンの町でもあり、一級畑を所有しているのは、ほとんどがネゴシアン。ここで生産される赤ワインはおしなべて、軽めで口あたりがいい。畑によっても個性が違うので、いろいろと飲み比べてみるのも楽しい。

白ワインの生産は少ないが、やわらかく優しい味わいがある。

ワインの村
ならではの
助け合いだね

オスピス・ド・ボーヌの成り立ち

慈善施療院であるオスピス・ド・ボーヌでワインの競売が行われるようになった背景には、この土地の貧しさがあった。

1443年、ブルゴーニュ公国の財務長官夫妻がこの施設の前身である病院を創設したが、税金を払える人はわずか24人という貧しさのため、病人や行き倒れが町にあふれた。そこで夫妻は、ブルゴーニュのワイン生産者に呼びかけてワインを寄進してもらい、その売り上げで無料医療を施した。

1851年からは、ワインのオークションを開いて、その収益を医療費にあてるようになった。

ワインを知り、味わい、チャリティにもなる

オスピス・ド・ボーヌで毎年開催されるイベントでは、一般の人もオークションに参加でき、試飲グラスを購入すると、ワイナリーのワインも試飲できる。ほかに、ブルゴーニュワインや、ワイン造りについての展示もみられる。
ボーヌ村の日曜日をはさんで土曜の利き酒騎士団の宴会（key word 51）、月曜のムルソー村昼食会（key word 56）と合わせ〝栄光の３日間〟と呼ばれる。

島さん再来週フランスへこない？
ボーヌでイベントがあるのよワインも飲み放題よ
そうか！絶対行くよ!!
楽しみだな飲み放題になるのか！
AIR FRANCE

ネゴシアン④

メゾン・ルイ・ジャド Maison Louis Jadot

1859年創立。ネゴシアンとしてだけでなく、ぶどうの栽培からおこなうドメーヌとしても活躍している。最新の醸造設備も備えて、出色のワインを生みだしている。所有する畑はモンラッシェ村をはじめ、コート・ドール地区全域とボージョレ地区にわたる。

ドメーヌとしては、畑によって４つの名をつかい分けているが、ネゴシアン名は１つだ。ラベルにルイ・ジャドの名があったら試してみるといい。

ボーヌ村にある地下セラーには、目を見張るものがあり、上質なヴィンテージものがところ狭しと並んでいるといわれる。

key word 56 ボーヌ地区／ムルソー村

ナッツの香味をもつまろやかな白ワイン

ボーヌの南にあるムルソーは、第二次世界大戦以前から、〝ブルゴーニュの偉大な白ワインの首都〟と呼ばれていた。それほど、美味な白ワインを世界に広く供している銘醸地なのだ。

ムルソーという名は、〝ねずみのひとっ跳び〟という言葉から生まれている。ぶどう畑がお互いにひじょうに近接しているので、隣の畑まで、小さなねずみでもひとっ跳びというわけだ。ほかの説もある。ローマ時代に軍の斥候《せっこう》用につくられた狭い道が、長い間外敵からムルソーを守ってきたが、この道が〝ねずみのひとっ跳び〟と呼ばれていたからだという。

名の由来のように、肩を寄せ合って集まる畑に特級こそないが、すばらしい一級畑がそろっている。全体的な特徴としては、ナッツの香りのような独特の風味があり、口あたりがとてもまろやかだ。

特級に値するとされる一級畑も多い。ペリエール、シャルム、ジュヌヴリエールの三つの一級畑はとくに有名だ。ジュヌヴリエールは日本の皇室の晩餐会でもよくつかわれているそうだ。一級に匹敵する畑も多く、飲み比べるワインの種類にはこと欠かない。

贈呈品が
ワインとは
粋だね

100本のワインを贈る「ムルソーの昼食会」

ムルソーでは、コート・ド・ボーヌの慈善施療院で開催されるワイン競売日の翌日に、「ムルソーの昼食会」が大々的に催されている。

かつてぶどう園主と収穫者たちが食卓をともにして収穫を祝った祭りを復活させたもので、参加者はみな自分で生産したワインをもち寄り、おおいに食事とワインを楽しむのだ。

この会のもうひとつの楽しみは、その年の文学賞を決め、受賞者に、ムルソーワインをなんと100本贈ること。これまでフランスの田園生活についての作品を残した多くの文学者が受賞し、美味なムルソーワインをたっぷりと味わっている。

白ワインは優しさにあふれている

ムルソーのワインは緑色がかった黄金色をしている。アルコール度は高めでまったりとした味わい。酸味は少なく、シャブリやモンラッシェのような切れ味の鋭さはあまりない。そのかわり、優しくて暖かみのある白ワインだ。
あまりに人気が高く、赤ワイン用の畑に白ワイン用のシャルドネ種を植えて、白ワインが造られているという。
ちなみに、少量ではあるが、優秀な赤ワインも造られている。

とくに優秀とされる1級畑名ワイン

ペリエール
Perrières
上品で都会的な味わい。特級に匹敵する。

シャルム
Charmes
優雅で豊かな芳香をもつ、女性的な味わい。

ジュヌヴリエール
Genevrières
まろやかで艶っぽく、上質の味わいがある。

なにが飲みたい？

ムルソーの白がいいわ

辛口白ワインのなかでは、やわらかさが抜群。とても女性的なワインだ。

ネゴシアン⑤

メゾン・ルロワ Maison Leroy

ルロワ社は1868年創業。ブルゴーニュ最大ともいわれるワインのストック量を誇っている。あらゆる上質のワインを買いつけてきた証だ。出荷される高級ワインは、当然それに見合った値になっている。

近年は、買いつけるワインの質の低下を感じ、ドメーヌとしても活動を開始。ネゴシアンとしてはメゾン・ルロワだが、ドメーヌとしては、ドメーヌ・ルロワまたはドメーヌ・ドーヴネという名前になる。

ネゴシアンもののワインは、すべてのキャップシールが白なのに対し、ドメーヌものの赤ワインは赤いキャップシールがつかわれている。

〝白の貴族〟のために高速道路も迂回する

ピュリニ・モンラッシェ村で造られるのは、ほとんどが白ワインだ。

この村の代表的な畑が、モンラッシェ。この畑はもともと、ピュリニ村とシャサーニュ村にまたがっていたので、ピュリニ・モンラッシェとシャサーニュ・モンラッシェに分かれている。

熟成がすすむにつれて輝きを増す黄金色、そしてデリケートな香りと切れ味をもつモンラッシェの白ワインは、〝白の貴族〟と呼ばれる逸品だ。十七世紀にはすでにフランス宮廷で愛飲されており、現在に至るまで世界中の人に称賛されつづけている。

一九六二年にパリとリヨンの間に高速道路を建設する計画がつくられたときは、この畑を迂回させるためだけに、一五〇億円もの巨額が投入されたという。それほどまでにこの畑は、ブルゴーニュのみならず、フランス国家の宝として認められているのだ。

モンラッシェ以外にも、シュヴァリエ・モンラッシェ、バタール・モンラッシェ、ビアンヴニュ・バタール・モンラッシェの四つの特級畑があり、それぞれ優秀な白ワインが生産されている。

一度は味わいたいワインのひとつだ

モンラッシェはモンラッシェとしかいえない

モンラッシェをたたえる言葉は数多くある。なかでも有名なのは、小説『三銃士』をかいたアレクサンドル・デュマ（1802〜1870）の「帽子を脱いで、ひざまづいて飲め」という一言だ。偉大なるワインを立ったまま飲むなんてけしからんというわけだ。

『ガルガンチュア物語』で有名なラブレー（1483？〜1553）は「神業のワイン」といったといわれている。

そのほかにも「10年以内にモンラッシェを飲んでしまうのはワインに対する犯罪だ」とか、「これは白ワインではない、モンラッシェだ」という言葉も。モンラッシェは最高の賛辞の中で生きつづけている。

金属にたとえられる辛口白ワイン

村名ワイン

ピュリニ・モンラッシェ
Puligny-Montrachet

上品な香りもあり、ボディもある。きりっとしたモンラッシェらしさは備えている。ただし、特級ものとは別物だ。

1級畑名ワイン

ピュリニ・モンラッシェ
+1er cru（+畑名）

造り手によっては特級並みのワインができる。

特級畑名ワイン

❶モンラッシェ
Montrachet

❷シュヴァリエ・モンラッシェ
Chevalier-Montrachet

❸バタール・モンラッシェ
Bâtard-Montrachet

❹ビアンヴニュ・モンラッシェ
Bienvenues-Montrachet

特級畑のなかでもモンラッシェは別格の最高級品だ。シュヴァリエは骨太で、バタールは芳醇、ビアンヴニュはふくよかなワインだ。

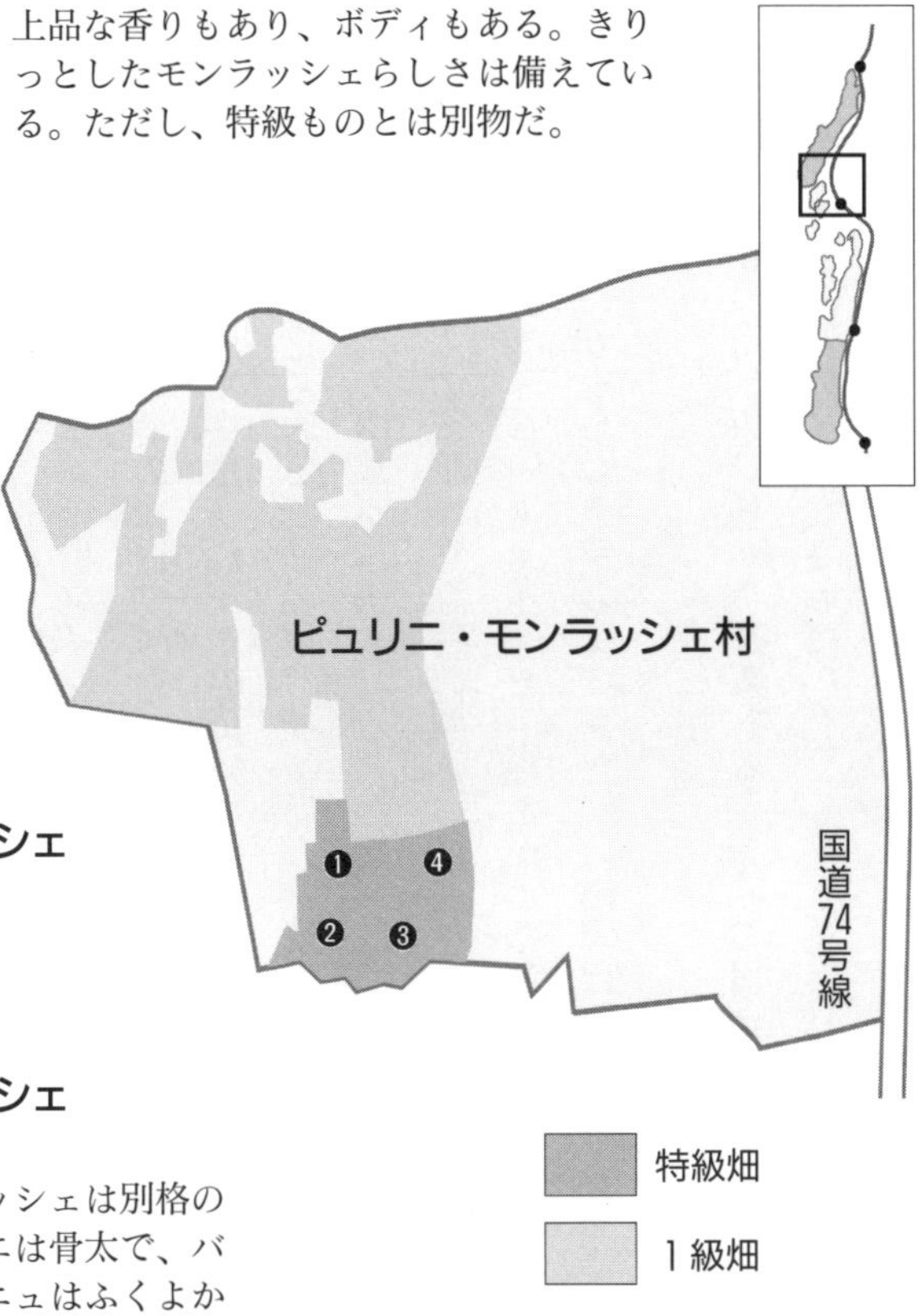

鋭いモンラッシェと優しいムルソー、ふたつの辛口白ワインの飲み比べもいい。

粘土質の石灰岩が独特の白ワインを造る

コート・シャロネーズ地区を南に下ると、いったんぶどう畑がとぎれるが、ふたたびぶどう畑がみえてくる。ここが、南北五十キロ、東西十五キロの広大なマコネー地区だ。

マコネー地区では、赤ワイン、白ワイン、ロゼワインが生産されているが、生産量がもっとも多いのは白ワイン。白ワインの八五%が、協同組合の近代的な醸造設備で生産され、その量はブルゴーニュ地方最大だ。

シャルドネなどから造られる高級な白ワインは、奇岩が露出した独特の地形をした、この地区の南端から生まれる。南端部は、粘土質の石灰岩の土壌をしており、この土壌から独特の風味の白ワインが造られている。とくに有名なのはプイィ・フュイッセ。緑がかった黄金色で、豊かな芳香と繊細な口あたりをもつ上質のワインだが、値段は比較的手ごろなのがうれしい。

一方赤ワインはかつて、ガメ種から造られるがぶ飲み用ばかりで、そのほとんどがフランス国内で消費されていた。しかし近年は高級志向になりつつあり、ピノ・ノワール種などによる良質の赤ワインも増えている。

北部と南部のいいとこどりだね

コート・シャロネーズ地区も試してみたい

ボーヌ地区の南から、マコネー地区までの間に位置する。リュリィ Rully、メルキュレ Mercurey、ジヴリィ Givry、モンタニィ Montagnyといった地域から赤、白ワインが造られている。

アリゴテ種から造られる白ワイン（ブルゴーニュ・アリゴテというAOC）は、手ごろで人気がある。

また、ブルゴーニュ・パス・トゥ・グランという赤ワインとロゼワインが造られている。ブルゴーニュ南部のボージョレ地区やマコネー地区の代表品種であるガメ種と、北部のニュイ地区やボーヌ地区の代表品種であるピノ・ノワール種がブレンドされる。

ブルゴーニュ1の白ワイン生産量を誇る

マコン
Mâcon

マコン・ヴィラージュ
Mâcon Villages

マコン・シュペリユール
Mâcon Supérieur

マコン＋畑名
Mâcon＋畑名

マコネー地区のAOCワインはマコンが表示される。43の村でAOC表示が認められ、ヴィラージュ、シュペリュール、畑名がつくと、やや上級になる。マコンのみ表示されるワインは少ない。

シャルドネ種の栽培が盛んな地域で白ワインが量産されている。

白ぶどうの王様シャルドネ種の故郷といわれるシャルドネ村もこの地区にある。

独自の表示ができる4つのAOC（原産地統制呼称）

プイィ・フュイッセ
Pouilly-Fuissé
独特の香りとしっかりしたコシのあるワインが造られている。地下に眠る大量の氷河時代の馬の骨が、独特の香りのもとだという人もいる。
第二次世界大戦後、アメリカでの人気が高まり価格が急上昇した。

ジョゼフ・ドルーアン
ルイ・ラトゥール
ルイ・ジャド※
といった
ネゴシアンのワインは
安心よ

プイィ・ヴァンゼル
Pouilly-Vinzelles

プイィ・ロシェ
Pouilly-Loché

上のふたつの村はプイィ・フュイッセの弟分と見なされることが多い。

※いずれも優秀なワイン商。詳細はkey word 51、54、55へ。

そうだね
それと
協同組合の
ワインも
見逃せないよ

サン・ヴェラン
Saint-Vérand
マコネー地区の南部、ボージョレ寄りにあり、以前はボージョレ地区の白ワインを造っていた。1971年にAOCとして独立した。ラベルには、最後のdをとってSaint-Véranと表示される。

透明感のある明るい赤ワインがおすすめ

ブルゴーニュ地方のいちばん南に位置するボージョレは、森が多く起伏に富んだ地形をしており、フランスでも屈指の景勝地だ。

あまりに有名なボージョレ・ヌーボーは、いまでこそ世界に名をとどろかせているが、第二次世界大戦まで、じつは地方都市リヨンの地酒にすぎなかった。ボージョレが有名になったのは戦後のこと。フレッシュな味わいで気軽に飲めることから、パリで人気が急上昇し、やがてこの名前は世界へと広がっていった。

ブルゴーニュのAOCワインの三分の二が、ボージョレの赤ワインといわれるほど生産量が多いが、現在ではその半分が、輸出用である。

この赤ワインはガメ種から造られているが、同じガメ種をつかったほかの地方のワインは、ボージョレほどのフレッシュなフルーティ味はなかなかだせない。

なぜなら、この地独特の、花崗岩を主とした土壌がガメ種の栽培に最適で、この品種のよさを最大限引きだせるからだ。また醸造法にもさまざまな工夫が加えられたことで、早飲みタイプの逸品が生まれたのだ。

知っとるか島さん
このワインは
今年の初物たい
お祭り気分で
飲み明かすたい
BEAUJOLAIS

ささ
グーッといけ
かけつけ三杯だ

収穫後1年以内が飲み頃

ボージョレ Beaujolais
最低アルコール度数：10度
軽い飲み口で、フルーティなワイン。畑の面積も広く、生産量も多い。一部は毎年11月にボージョレ・ヌーボーとして販売される。ヌーボーは1年以内に飲みきりたい。

ボージョレ・シュペリュール Beaujolais supérieur
最低アルコール度数：10.5度
ボージョレよりも少し格上になる。

ボージョレ・ヴィラージュ Beaujolais Villages
最低アルコール度数：10.5度
ボージョレよりも濃く、芳醇なワイン。一部はボージョレ・ヴィラージュ・ヌーボーとしても販売される。ヌーボーは翌年のヌーボーがでるまえに飲みきりたい。

クリュ・デュ・ボージョレ Crus du Beaujolais
最低アルコール度数：11度
下のチャートの10の村で造られているワイン。村ごとに個性は異なる。このAOCに関しては数年の熟成を経て味わいが増すことがあるので覚えておきたい。

あなたに合ったワインは？（10の村名ワイン）

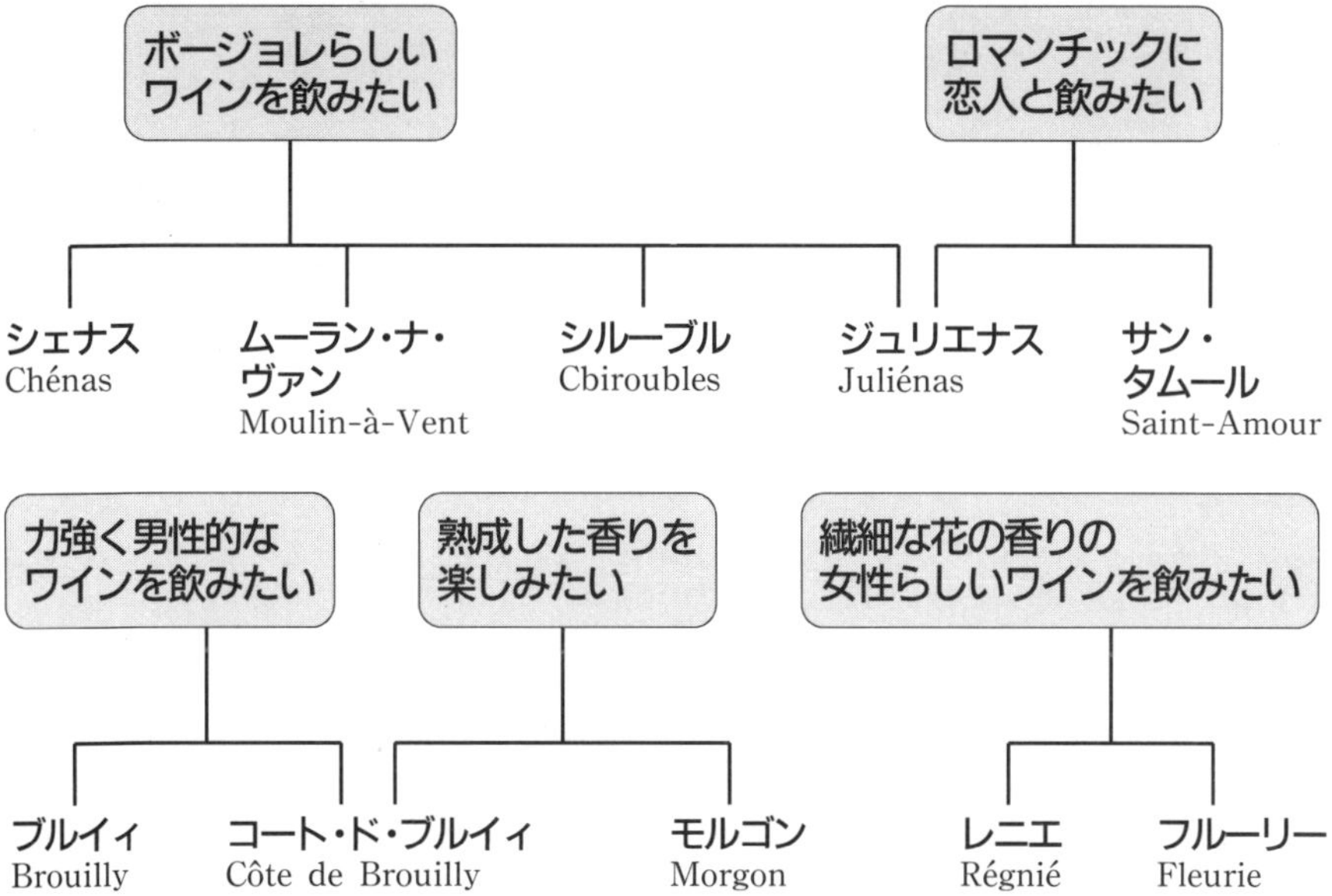
ボージョレらしいワインを飲みたい
ロマンチックに恋人と飲みたい
シェナス Chénas
ムーラン・ナ・ヴァン Moulin-à-Vent
シルーブル Cbiroubles
ジュリエナス Juliénas
サン・タムール Saint-Amour
力強く男性的なワインを飲みたい
熟成した香りを楽しみたい
繊細な花の香りの女性らしいワインを飲みたい
ブルイィ Brouilly
コート・ド・ブルイィ Côte de Brouilly
モルゴン Morgon
レニエ Régnié
フルーリー Fleurie

key word 60 ボージョレ・ヌーボー

早飲みヌーボーとして一躍有名に

いまや晩秋の風物詩になっているのが、十一月第三木曜日のボージョレ・ヌーボーの解禁日だ。時差の関係で日本は世界でいちばん早く飲めるのだから、ワイン愛好家にとってはたまらない喜びだろう。

もともとは十一月の十五日に新酒のできを祝って飲まれていた。しかし、十五日が日曜や祭日にあたると、酒屋で新酒の到着を待っても、生産者たちは休みの日だからと働かない。お祭り騒ぎを楽しみにしているのに、一日遅れではさまにならない。そのために、現在のような出荷日が決められたのだという。

ご存じのように、ボージョレ・ヌーボーとは、ぶどうを収穫してから三十〜五十日しかたっていない、造りたてのボージョレワインのこと。ぶどうのかぐわしい香りがなんとも魅力的な、みずみずしいワインだ。

ヌーボー独特のフルーティな風味は、通常の赤ワインとは少し異なる、マセラシオン・カルボニック法という醸造法から生まれる。

この醸造法は、ボージョレ以外にも、フランスをはじめ世界中で、早飲みタイプのワイン造りに採用されている。

飲み頃を
はずさない事が
大切だね

買ったらすぐ飲む――これ常識？

赤ワインは一般に、古いほうがおいしいと思っている人がいるかもしれないが、そうともかぎらない。

ボージョレ・ヌーボーのように、フレッシュな飲み口を身上とする赤ワインは、若い時期に飲むための造り方をしているので、長くおいておけば味が向上するというものではない。飲み頃は、半年からせいぜい１年半程度だ。

ボージョレ・ヌーボーはもちろんだが、ボージョレ全般に早飲みタイプが多い。ボージョレワインを手にいれたら、後生大事にしまっておかず、できるだけ早く味わいたい。

フレッシュなワインは造り方もちがう

一般に赤ワインというと、タンニンの渋さが思いあたる。だが、マセラシオン・カルボニック Maceration Carbonique（MC）法だと、程よく色がつくわりに、渋味の少ないワインができる。

1 カルボニック

収穫したぶどうをステンレスタンクで醸造する。ただし、ぶどうはかならず破砕していないものをつかい、タンクに目いっぱい詰める。さらにタンク内に微生物の活動を防ぐ炭酸ガスを充満させる。
カルボニックというフランス語は炭酸ガスという意味だ。

---

2 マセラシオン

炭酸ガスが充満したまま数日間置いておくと、酸化や微生物の反応ではなく、ぶどう自体の成分変化がおこる。果汁が流れだし発酵するときも、果皮や種は発酵液に浸したままだ。このことをかもすという。かもしの時間が長いほど、色の濃い重いワインになる。
マセラシオンというフランス語はかもすという意味なのだ。

やっと新酒が届いたわよ
みんながそろったら乾杯しましょ

つまみにはカマンベールなどの白カビチーズや季節限定のチーズモンドール※がいいね

※スイスとフランスで造られるくせの少ないウォッシュタイプ。秋冬限定のチーズで、ボージョレと同じ晩秋の風物詩だ。

ジョルジュ・デュブッフ――世界を魅了した名醸造家と花柄ラベル

リヨンの地酒にすぎなかったボージョレワインを、世界に知らしめた偉大な名醸造家がいる。その人ジョルジュ・デュブッフは、ワイン界サクセスストーリーの筆頭にあげられる偉才で、「ボージョレの帝王」とも称されている。

氏は、第二次大戦後、「一口飲むだけで、心が躍りだすような美しいワイン」という理想を掲げ、コート・ドールあるいはボルドーなどほかの銘醸地のマネは一切せず、ボージョレの土地でしかできない新しいタイプのワインを追い求めた。

そのような氏の熱意は多くの醸造家やぶどう栽培者の気持ちを動かし、彼らの協力もあり、ついに理想の味わいを造り上げた。花柄のラベルで世界的に有名な、「ジョルジュ・デュブッフ・ボージョレ」である。このワインの魅力は氏の言葉を借りれば、「命の喜びにも似た味わい」。

氏の功績はそれだけではない。一九七〇年からは、ボージョレ・ヌーボーをフランス中、さらには世界中に紹介し、ボージョレの名前を一躍広めたのである。

へえ
ボージョレワインだけに新酒があるわけじゃないんだ

そうなの
たとえばマコネー地区やコート・デュ・ローヌ地区にも新酒があるわ

ヌーボーのほかに、プリムールという単語もフランス語で新酒のことをさす。

日本でも解禁日がニュースになる

ジョルジュ・デュブッフのおかげで、ボージョレワインの消費は飛躍的に増加した。飲みやすい、手ごろな値段であるということが人気の要因だ。日本でも、新酒であるボージョレ・ヌーボーを筆頭に根強い人気が保たれている。

フランスでもボージョレワインは人気が高い

フランスではカフェやレストランなどで飲まれるとともに、家庭で楽しまれることが多いため、スーパーマーケットや昔ながらの小売での売り上げが高い。

昔はボージョレの南に位置するリヨンを中心として楽しまれていた。

現在はパリをはじめ、フランス全土で消費されている。とくに、パリっ子は早飲みタイプのワインがお好みのようだ。

日本はトップクラスの消費国

ボージョレワインを輸入する国は優に100を超し、シャンパーニュ、ボルドー、ブルゴーニュについで人気がある。世界各国で輸入されるボージョレワインのおよそ４分の１が、新酒であるボージョレ・ヌーボー。

ボージョレワインを輸入している上位10ヵ国には、日本も名を連ねている。そのなかで、とくにボージョレ・ヌーボーに焦点を絞ると、日本はトップクラスだ。

日本では、同じボージョレでも格付けが上の、より上質なワインの輸入が多い。

さっぱりした白ワインと和食の組み合わせもたまにはいいもんだろう

しかも専務のおごりでね……

ワインといったら赤ワイン
だけじゃない
白やロゼも食事と合わせて
もっと楽しみたい

華やかで豪華なシャンパン
最初の一杯に
いいものだ

ごちそうさま
おいしいわ島さん

ええええ　華やかなワインと女性か島さんには　ぴったりやなうらやましいわ

魚介類に手頃にあわせられる白ワインを知りたい人はkey word 70へ

第5章

北の地のワイン
——シャンパーニュ、アルザス、ロワール、ジュラ

晴れた日に外で飲む
冷えたワインは
格別うまいなぁ

石灰質の土と低い気温がシャープな切れ味を造る

結婚式などの祝いの席で、乾杯の酒として欠かせないシャンパンは、パリの北東一五〇キロほどにあるシャンパーニュ地方で生まれた発泡性ワインだ。この地方の、限定された地区で、規定されたとおりの方法で造られたものにだけ、シャンパーニュの表示が許されている。

シャンパーニュ地方は、フランスのワイン生産地としては最北にある。平均気温は十度程度しかなく、ぶどう栽培にはかなり厳しい環境だけに、昔はあまりいいワインが造られなかった。しかし十七世紀に発泡性ワインであるシャンパンが発明され、それがイギリス王室に愛されたことから、世界的に有名な産地として発展した。

シャンパーニュとは、石灰質の土壌を意味している。この土壌と気候から生まれるぶどうには、強い酸味がある。この酸味が、シャンパーニュ独特の、ナイフのようにシャープな切れ味を生みだしている。ワイン造りにはあまり適していない環境を逆手にとって、ワインの新しい魅力を造りだしたわけだ。なおこの地方でも、白ワイン、赤ワイン、ロゼワインを少量造っているが、これはコトー・シャンプノアと呼ばれる。

シャンパーニュ地方のおもな生産地

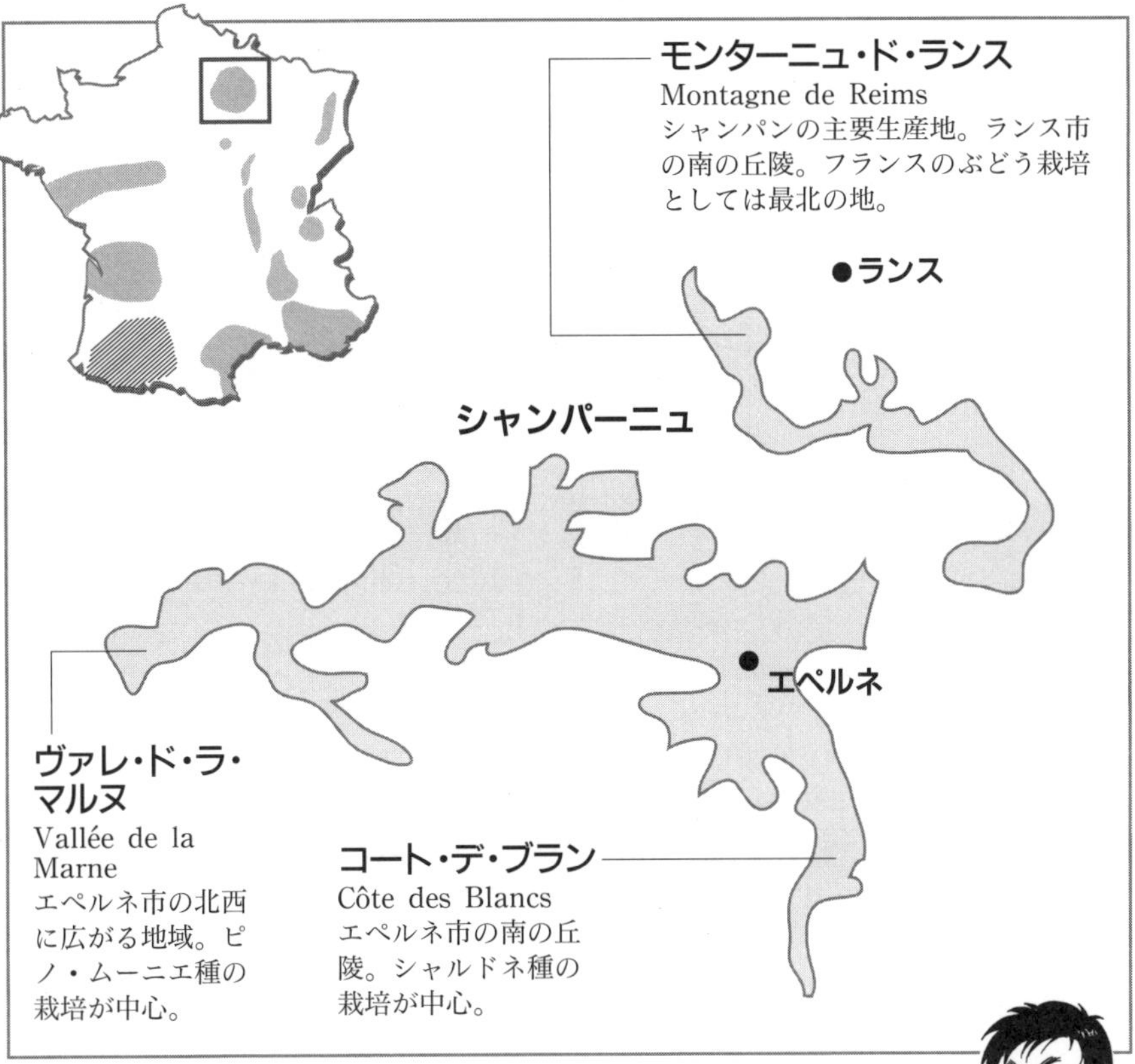

モンターニュ・ド・ランス
Montagne de Reims
シャンパンの主要生産地。ランス市の南の丘陵。フランスのぶどう栽培としては最北の地。
ランス
シャンパーニュ
エペルネ
ヴァレ・ド・ラ・マルヌ
Vallée de la Marne
エペルネ市の北西に広がる地域。ピノ・ムーニエ種の栽培が中心。
コート・デ・ブラン
Côte des Blancs
エペルネ市の南の丘陵。シャルドネ種の栽培が中心。

十年から十五年ももつんだよ

ヴィンテージのあるシャンパンは高級品

シャンパーニュは、味を均一にするため、違う年に収穫されたぶどうをブレンドして造られる。そのため通常は、ラベルに収穫年は記載されないが、まれに書かれたものがある。

じつはぶどうのできがとてもよかった年は、その年に収穫した最高のぶどうだけを選んで造ることがあるのだ。これをヴィンテージ・シャンパンという。

ヴィンテージ・シャンパンは、5年以上熟成させる。かなり個性が強く、絹のようななめらかな泡立ちのある最高級ワインである。当然ながら、値段もかなり高い。

〝黒〟プラス〝白〟が輝く銀色ワインになる

シャンパンの特色は、黒い（または赤い）ぶどうと、白いぶどうを混ぜてつかうことだ。黒いぶどうは、ピノ・ノワール種とピノ・ムーニエ種、白いぶどうはシャルドネ種。この三種のぶどうからそれぞれ辛口の白ワインを造り、それをブレンドして瓶詰めし、二次発酵させるのだ。

ブレンドの比率は、だいたい黒六〜七割に対し、白三〜四割くらいだが、もちろん生産者によって比率は異なり、それによってシャンパンの味も違ってくる。ピノ・ノワールやピノ・ムーニエの比率が高いと、コクのあるしっかりとしたシャンパンができる。シャルドネが多いと、優雅でソフトな舌ざわりになる。どうブレンドするかが、生産者の腕のみせどころというわけだ。

一方、単一の品種で造られるシャンパンもある。シャルドネだけをつかったものは、ブラン・ド・ブランと呼ばれる。

直訳すると「白の白」、つまり白ぶどうで造った白ワインという意味。繊細で上品な味わいの、高級シャンパンだ。ピノ・ノワールだけをつかった、果実味が豊かなブラン・ド・ノワールもある。

××年のドン・ペリニヨンだ豪勢だろ
一年に一度だけ最高のときに飲むことにしてるんだ

ドン・ペリニヨンといえば、もはやシャンパンの代名詞となっている。祝いごとには最適だ。日本では、ドン・ペリニヨンのことをドン・ペリ、ドン・ペリニヨンのロゼをピンクのドン・ペリ（ピンドン）と略すことがあるが、海外では通用しない。

3つのぶどうからさまざまな味わいを造る

シャンパン用の黒ぶどう

ピノ・ノワール
Pinot Noir
果皮の色は黒に近い。タンニンはカベルネ系のものより少ない。酸味のでやすいぶどう。シャンパーニュで栽培されると果実味が強調される。シャンパンに深みや厚みを与える働きをする。key word 46参照。

ピノ・ムーニエ
Pinot Meunier
ピノ・ノワールが変異した種といわれる。ピノ・ノワールと同様にシャンパンのコクをだすためにつかわれる。

シャンパン用の白ぶどう

シャルドネ
Chardonnay
シャンパンにつかわれる唯一の白ぶどう。シャンパーニュのなかでも南部で栽培される。シャルドネだけで造ると、きめが細かく、繊細なシャンパンになる。

ぶどうの割合
この3つのぶどうをどうブレンドするかは、メーカーごとに違う。一般に黒ぶどうを6、7割つかうところが多い。ぶどうの割合によって特徴がでる。

白ぶどう ⟷ 黒ぶどう
繊細 ⟷ コクがある

知っておきたい4つの言葉

ブラン・ド・ブラン
Blanc de Blancs
シャルドネ（白ぶどう）100%で造ったシャンパン。

ブラン・ド・ノワール
Blanc de Noir
ピノ・ノワールとピノ・ムーニエ（黒ぶどう）で造ったシャンパン。

コトー・シャンプノワ
Coteaux Champenois
発泡性のないシャンパーニュ地方のワイン。

ロゼ・ド・リセ
Rosé des Riceys
ピノ・ノワール100%で造った発泡性のないロゼワイン。

極辛・極甘はリキュールが鍵を握る

発泡性ワインが造られるようになった発端は、一六六八年のこと。ある修道院の倉庫係をしていたドン・ペリニヨンという僧が、まだ発酵し終わっていないワインにコルク栓をして放置しておいたところ、発泡性のワインができたのに気づいた。飲んでみるとおいしかったので、その後造り方にさまざまな改良を加えて、生産するようになったのだ。

さて、その造り方だが、まず通常の方法で造られたワインをブレンドして瓶詰めをし、地下の涼しい倉庫で寝かせておく。するとワインはゆっくりと再発酵し、炭酸ガスがたまってくる。瓶のなかに澱がたまるので、瓶の口を凍らせて栓を開け、澱を取り除くのだが、そのときにワインも少しでてしまう。それを補充するために、隠し味となる「門出のリキュール」を添加する。このリキュールは、古いワインに糖を加えたもので、加える糖の加減によって、甘さの度合いが決まるのだ。

シャンパーニュにはロゼもあるが、これは赤ワインと白ワインをブレンドして造られる。ブレンドしたロゼワインは、本来格付けされない決まりになっているが、シャンパーニュのみ、特別に認められている。

オックスフォード大学では、創立記念日にシャンパンとストロベリークリームがでるそうだ。

シャンパンをつかったカクテルはたくさんある。桃のリキュールと割ったベリーニなどは女性に人気が高い。

修道僧が考えたシャンパーニュ方式

一次発酵

ぶどうを収穫したら、圧搾してまず白ワインにする（第1次発酵）。できあがったワインはかなり酸っぱい。その新酒（買いつけたワインも含む）に数種類の古酒をブレンドする。

二次発酵

ブレンドしたワインに、天然の酵母とリキュールを加え、瓶詰めする。倉庫で熟成させる（第2次発酵）。このときの発酵で炭酸ガスが生まれる。密閉された瓶内でガスはゆっくりとワインに溶け込んでいく。

動瓶（ルミアージュ）

熟成

一般のワインと同じように、熟成とともに澱ができてくる。瓶を逆さにしてボトルの口部分に澱が溜まるようにする。残らず口元に集めるために、毎日8分の1ずつ回転させることを6週間から3ヵ月繰りかえす（動瓶）。

口抜き

澱が完全に集まったら、ボトルの口部分だけを凍らせる。この状態で栓を抜くと、口部分で固まった澱と少量のワインが飛びだす。（口抜き：デゴルジュマンという）

仕上げ

口抜きで目減りした分は、リキュールを加えて補う。この後に出荷されるため、「門出のリキュール」と呼ばれる。加えるリキュールは白ワインに糖やブランデーを溶かしたもの。このリキュールの甘さが、シャンパンの糖度、味わいを決める。

シャンパーニュ方式は伝統的な製造法だよ

いろいろある発泡性ワインの造り方

瓶詰め後の二次発酵で発泡させるシャンパーニュ方式以外にも、発泡性ワインを造る方法はいろいろある。もっとも単純なのは、ワインに炭酸ガスを注入する方法だ。コストは安くてすむが、コクがないワインになってしまう。

瓶内ではなく、大きなタンクで二次発酵させる方法もある。これはドイツで生まれ、シャルマー法と呼ばれている。

そのほか、一次発酵で生じた炭酸ガスをそのまま瓶に詰めてしまうローカル法、二次発酵したらタンクに移して澱を取り去る、トランスファー法などがある。

シャンパンに格付けはないメーカーで選ぶ

他の生産地は、地区や畑別にAOC（原産地統制呼称）の格付けがされているが、シャンパーニュ地方にはそうした格付けはない。限定された地区で、規定された方法で造り、シャンパンとして認められれば、それ自体がAOCなのだ。だからラベルにシャンパーニュと記載されていれば、それはかならずAOCワインということになる。

シャンパンは、ネゴシアン（ワイン商）がぶどう栽培者からぶどうあるいはワインを買いつけ、自社でブレンドして生産されるのが普通だ。このようなメーカーが二五〇社くらいある。そのほか、ぶどう栽培から生産まで一貫して行うメーカーや、シャンパンを買いつけて、自社名で売るメーカーなど、形態はさまざま。

土地や畑のAOCがないので、シャンパン選びは、このメーカーの名前に頼ることになる。メーカー数が多いので困ってしまうが、有名だったり由緒があるメーカーが集まっているグランド・マルクという組織に所属しているのは、ランス、エペルネ、アイなど、二十五社くらい。日本に輸出しているのも、こうした有名メーカーがほとんどだ。

まあ そう
あわてずに
冷えたクリュッグで
のどでもうるおし
ましょう！

甘口のもので4℃、辛口のもので8℃くらいがちょうどいい。飲むときも冷やしながらがいい。

シャンパンはきりっと冷やしておかないと、炭酸ガスがでて、開栓時に吹きだしてしまう。

コト
コト
コト

シャンパンのおもな大手メーカー

ランソン
1760年創業。英国やスウェーデンの王室御用達になっている。優雅でリッチ。収穫年のない黒ラベルが多い。

ヴーヴ・クリコ
1772年創業。さわやかな口あたりの「イエローラベル」が有名。ヴィンテージシャンパンも人気が高い。

ルイ・ロデレール
1776年創業。ヴィンテージ用の透明なボトルが印象的な「クリスタル」は抜群の豪華さ。

クリュッグ
1843年創業。家族で経営している。伝統的製法で、重厚な存在感を放つ。クリュギストという熱烈なファンをもつ。

ポメリー
1836年創業。豊かな香りと、品のよさが売りのワイン。ここも大手トップクラスの造り手。

モエ・エ・シャンドン
日本でもっとも有名な大手メーカー。かの「ドン・ペリニヨン」はここの銘柄のひとつ。

シャンパンはラベルも一味違う

銘柄名
社名のランソンと同じ。

メーカーの創業年

産地
Champagneの表示だけで、AOC表示と認められる。

容量
75cl＝750ml

アルコール度

味のタイプ
これはごく辛口。タイプの詳細はkey word 66へ

ランソン社の銘柄のひとつ

key word 66 シャンパンの味

食前？ 食後？ それとも……状況に合わせて楽しみたい

シャンパンのラベルで注目したいものに、「ＢＲＵＴ」とか「ＳＥＣ」と書かれた表示がある。これは、甘味度を示す言葉だ。

シャンパンは、最後の工程で添加される「門出のリキュール」の糖度や添加する量によって、甘味が変わる。その甘味度は、極辛口から甘口まで、六段階に分けられており、そのランクをラベルに表示することが義務づけられているのだ。「ＢＲＵＴ」と表示されていれば、二番目に辛いタイプで、ＳＥＣは英語のＤＲＹを意味しており、タイプでいうと中辛口。いちばん甘い「ＤＯＵＸ」は、英語のＳＷＥＥＴだ。

この甘味度の表示が読めれば、好みや目的に合ったものを選べばいいので、シャンパン選びがぐっと楽になる。

たとえば、乾杯などで食前に飲むのであれば、少し辛口のほうがいいだろう。胃が刺激されて、食欲が増す。食後に飲んだり、恋人と一緒にロマンチックに飲むのなら、甘口のものが合うだろう。

ご存じのようにシャンパンは、技栓の仕方がむずかしい。左ページに方法を示しておくので、じょうずに栓を開けよう。

『タイタニック』『ニキータ』にも登場するよ

大事な小道具になる——映画のなかのシャンパン

無知な娼婦ビビアンが大金持ちとであい、レディに変身していく、現代のシンデレラ物語『プリティ・ウーマン』。この映画のなかで、ビビアンの成長ぶりを象徴する重要な小道具が、シャンパンだ。

最初のころのビビアンは、安価なカリフォルニアワインを飲み、せっかく注いでもらった高価なシャンパンも、だらしないカッコでがぶ飲みしている。ところがレディに成長した彼女は、優美にグラスをもっているのだ。

日本と同じようにアメリカでも、シャンパンは上流社会への夢と憧れのシンボルなのだろう。

極辛口から甘口まで6つの味

甘みを示す6段階

extra brut	エクストラ・ブリュット	極辛口
brut	ブリュット	極辛口
extra sec※／extra dry	エクストラ・セック／エクストラ・ドライ	辛口
sec	セック	中辛口
demi sec※	ドミ・セック	中甘口
doux	ドゥー	甘口

※ secはフランス語で辛い（dry）、
douxは甘い（sweet）の意味。
食事に合わせるなら辛いほうがいい。

シャンパンの抜栓方法

祝いごとのときなど、ポンと音を立てて栓を飛ばすと、場が盛り上がり華やかなものだ。しかし、本来これは不作法なもの。それに、狭い会場では危険も伴う。

栓を飛ばさずに開けるほうがスマートなのだ。

①まず、針金をゆるめる。

②コルクが一気にでてこないよう布で抑え、ボトルをもつ手を回転させる。

③コルクを抑える力をゆるめ、少しずつガスを抜き、勢いを抑えて抜くと音がでにくい。

シャンパンの注ぎ方

ガスが落ち着いたらグラスに注ぐ。このとき、泡が勢いよく立つので1回で注ぐのは禁物だ。2、3回に分けて落ち着かせながら注ごう。

key word 67 アルザスの特徴

おだやかな気候が包み込む〝アルザス・ワイン街道〟

ドイツ国境に近いアルザスは、シャンパーニュ地方と同じようにフランス最北部に位置する地方だ。それなのに気候はおだやかで、ぶどうがすくすくと成長する。というのも、アルザス地方は、ライン川に沿ったヴォージュ山脈の東斜面の丘陵地にあるからだ。

この山脈が、大西洋から吹いてくる冷たく湿った偏西風をさえぎってくれる結果、雨が少なく、十分な日照時間が得られる。また東にライン川があるため、畑が凍結することもないのだ。

山脈に沿ったこの地方は南北に細長く、その距離は一〇〇キロにも及ぶ。その間に、美しい町や村が点々とつづき、これらをつなぐ道路は、〝アルザス・ワイン街道〟というロマンチックな名で呼ばれている。

アルザス地方は大きく、北側のバ・ランと、南側のオー・ランに分かれており、優良なワインが生産されるのは、おもにオー・ランだ。

この地方で生産されるのは白ワインが主体だが、発泡性の白ワインも造られている。シャンパーニュは名のれないので、クレマンと名づけられたこの発泡性ワインは、近年人気が高まってきている。

ワインでも飲もうと思って
呼んだんだ

フランスとドイツの支配を交互に受けた歴史をもつアルザス。ワインも両国の特色をもっている。

ドイツと似たようなぶどう品種だが、ドイツワインよりも辛口に仕上がる。

なつかしくて飛んできました

アルザス地方のおもな生産地

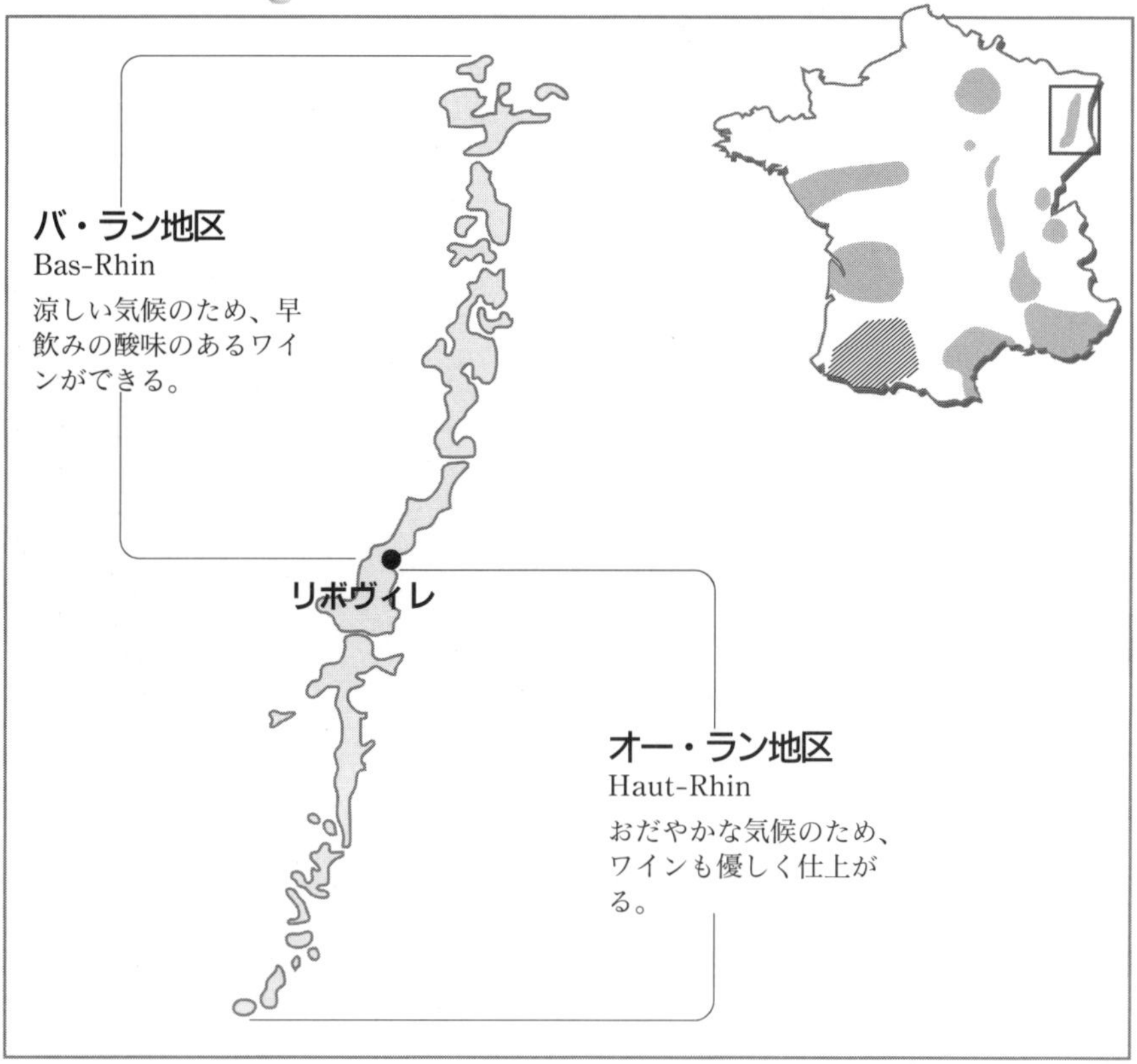
バ・ラン地区
Bas-Rhin
涼しい気候のため、早飲みの酸味のあるワインができる。
リボヴィレ
オー・ラン地区
Haut-Rhin
おだやかな気候のため、ワインも優しく仕上がる。

アルザスのAOC（原産地統制呼称）表示

下の３つに分かれる。ぶどうの品種名も表示するのが一般的だ。

アルザス
Alsace

７種類のぶどう品種（key word 68参照）のいずれかを使用して造られる。

アルザス・グラン・クリュ
Alsace Grand Cru

ぶどうの収穫された区画名と、収穫年の併記が義務づけられている。アルコール度数は11度。

クレマン・ダルザス
Crémant d'Alsace

シャンパーニュ方式で造られる発泡性ワイン。フランスの発泡性ワインとしては、シャンパンについでメジャーだ。

key word 68　アルザスのぶどう

品種がワインの顔になるアルザスのワイン

アルザス地方の大きな特徴は、AOCワインにはラベルに大きく、ぶどう品種が表示されていることだ。

AOCの品種は、白ワインの場合、シルヴァネル、ピノ・ブラン、リースリング、ミュスカ、ピノ・グリ（トケイ・ピノ・グリ）、ゲヴェルツトラミネルの六種。赤あるいはロゼの場合は、ピノ・ノワールだけだ。これらの品種から、ほぼすべてのワインが、単一品種で造られている。

リースリングやミュスカは、ドイツ、イタリア、スペインなどで造られると甘口になるのだが、アルザスでは香りは甘くても飲み口は、鋭い切れ味といえるほど辛口。ピノ・ブランやピノ・グリ、ゲヴェルツトラミネルは、もう少し丸みを帯びた辛口になる。

一方、アルザスのなかでも、とくに気候や土質に恵まれた区画にかぎり、グラン・クリュ（特級）を名のることができる。この場合は、リースリング、ゲヴェルツトラミネル、ピノ・グリ、ミュスカの四種のみで、ラベルに区画の名前が表示される。また、発泡性ワインのクレマンも、AOCワインである。

いつものことではないから楽しみだよね

甘口ワインが造られる年もある

アルザスの白ワインといえば、辛口が普通だが、少ないながら甘口の白ワインも造られている。

そのひとつヴァンダンジュ・タルディヴは、とくに気候条件に恵まれた年だけに限定して生産される。ぶどうの収穫を遅くして、糖度が高くなった粒をつかうので甘くなるのだ。もうひとつのセレクション・ド・グラン・ノーブルは、貴腐ぶどう、あるいは完熟したぶどうだけを選んで造られた極甘タイプ。

どちらも厳格な条件のもとに造られている。生産量も少ないため、当然ながら値段もそれなりだ。

ラベルにはかならずぶどう名が明記される

赤ワイン用のぶどう

ピノ・ノワール
Pinot Noir
アルザスでは唯一の赤ワインになる品種。アルザスで栽培されると、軽めの赤やロゼになる。key word 46、73参照。

白ワイン用のぶどう

リースリング
Riesling
ドイツの主要品種だけあって寒さには強い。ドイツでは甘口ワインの原料としても有名。アルザスではすっきりした辛口に仕上げられることが多い。果実の香りが豊かだが、熟成とともに独特の香りがでる。

ゲヴェルツトラミネル
Gewürztraminer
早熟なぶどう。ゲヴェルツとは香辛料を意味する。花の香りのほかに香辛料のにおいが感じられるという。甘口に仕上げた場合は、フォアグラやくせの強いチーズによく合う。

ミュスカ
Muscat
果皮が薄い緑色のぶどう。艶やかな色で、マスカットのような香りをもつ。

ピノ・グリ
Pinot Gris
ピノ・ノワールの変種。甘口に仕上がることが多い。
別名トケイ・ピノ・グリ。トカイ・ダルザスともいう。

シルヴァネル
Sylvaner
ドイツとアルザスでしか栽培されない品種。酸味が強く、透きとおった美しい緑色のフレッシュなワインになる。アルザスでもっとも作付面積が広い。オーストリアが原産。

ピノ・ブラン
Pinot Blanc
早熟で果皮は厚い。果汁が豊富。地元ではクルヴネールと呼ばれていた。ほかのアルザスワインよりも酸味がやわらかくなる。

赤・白・ロゼ・発泡性……おすすめはロゼワイン

フランス中央部を源として、大西洋へと注ぐ、全長約一〇〇〇キロに及ぶフランス最長のロワール川。この川の広範な流域に、美しい古城が点在し、その周囲にぶどう畑が広がる。

中世の時代に迷い込んだようなこの地方は、〝フランスの庭園〟とも〝王侯たちの道〟とも呼ばれている。ルネッサンス時代には、王侯貴族や領主たちがこの地方を愛し、芸術や経済が栄えた。古城もそのころに建てられたもので、その数は七〇〇ともいわれている。

王侯貴族たちは、ぶどう園を所有して熱心にワイン造りを行ったという。王侯貴族のワイン造りと城というと、ボルドーのシャトーを思いだすが、ボルドーのように産業として確立されることはなく、フランス革命後はフランスの他の地方と同様に、大衆向けの生産地になっている。

地区は、ナント、トゥーレーヌ、アンジュ・ソーミュール、中央フランスに分けられている。なにしろ広大な地方なので、「ロワールでは、あらゆるタイプのワインにであえる」といわれるくらい、それぞれの土壌や気候に合った、多種多様なワインが造られている。

赤・白ワインの優良年

ヴーヴレーなどの地域で、豊作の年にだけ造られる貴腐ワインは、長命だ。ソーテルヌのように高値ではない。もっと気軽に楽しめる。

八九年はまさにあたり年。甘口の白はまだまだ熟成していくだろう。赤も酸味が強く、長期熟成向きになった。

九〇年も赤・白ともにいいが、とくに甘口白がいい年といわれる。

九六年は赤・白（甘口・辛口）、どれもいい。全般に、早飲みタイプのワインが多い地方。辛口白ワインなら、五年程度で飲むのがいいと思う。

ロワール地方のおもな生産地

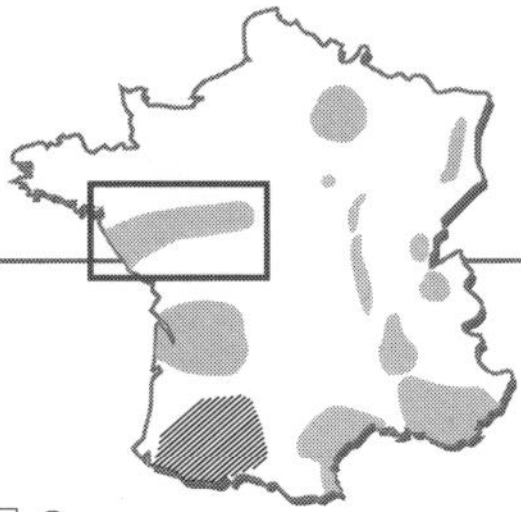

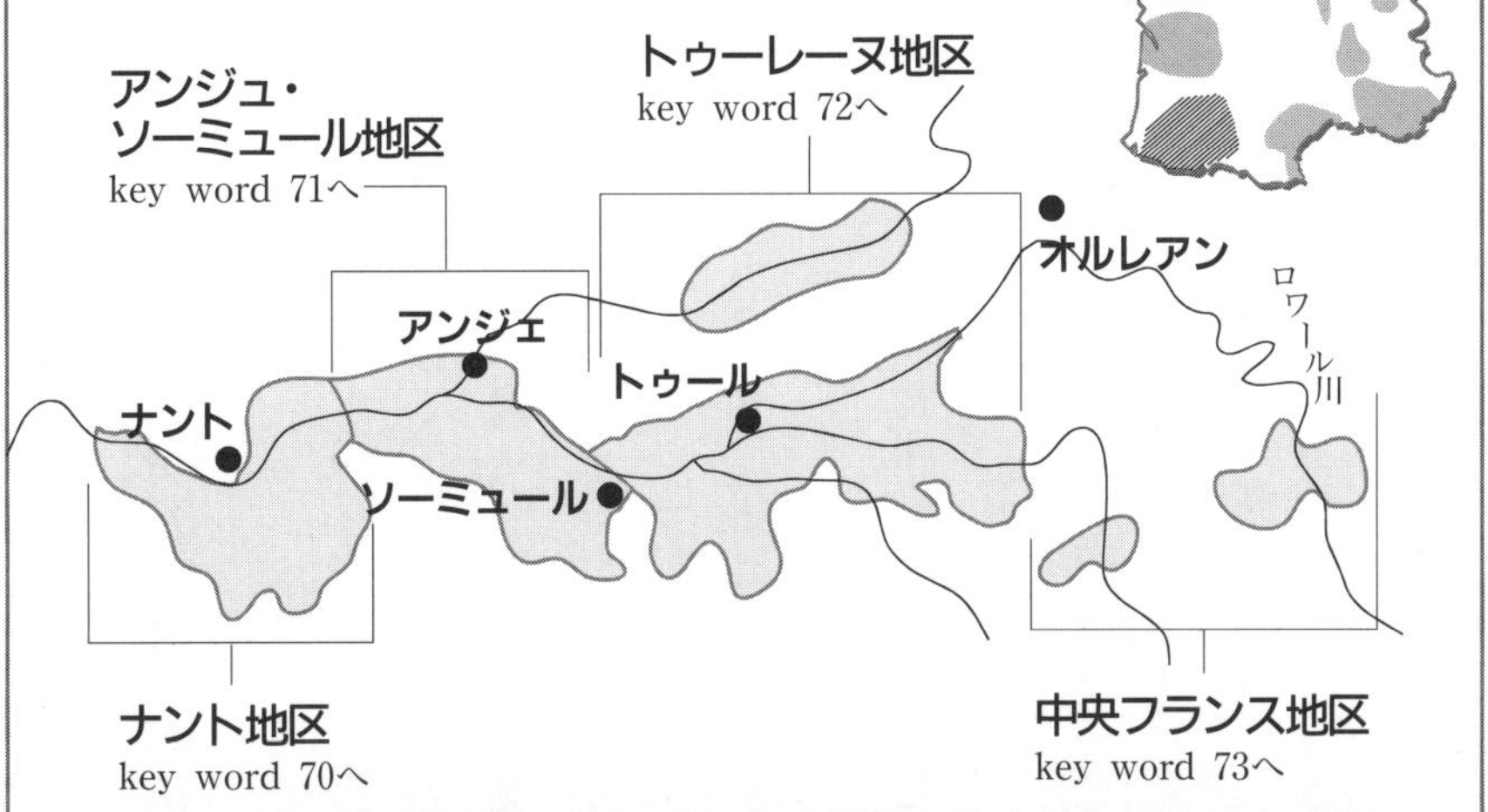

アンジュ・
ソーミュール地区
key word 71へ
トゥーレーヌ地区
key word 72へ
オルレアン
ロワール川
アンジェ
トゥール
ナント
ソーミュール
ナント地区
key word 70へ
中央フランス地区
key word 73へ

ワインでも飲むか
いいわ

ミュスカデがフルーティな味わいのもと

ロワール川の河口から上流一二〇キロまでに広がる地区が、ナントだ。温暖で湿気を帯びた気候で、夏は雨が多く、冬は寒さが厳しい。十八世紀、この地区に大寒波が襲い、ぶどうの木が全滅したことがある。このときブルゴーニュから、寒さに強いムロン・ド・ブルゴーニュという品種が移植され、ミュスカデと改名された。ナント地区の代表的な白ワインの品種が、このミュスカデなのだ。

ミュスカデは、マスカットのような香りをもつ品種で、フレッシュな酸味がすがすがしい、切れ味のいい辛口の白ワインになる。そのフルーティな味わいは、生ガキや白身魚などにとてもよくマッチする。

ナント周辺には、左ページに示した四つのワインがあるが、このうちもっとも生産量が多く、優良なのはミュスカデ・ド・セーヴル・エ・メーヌ。ナントのぶどう畑は平野に広がるが、このワインはたいてい日当たりのいい丘の上の畑から生まれる。そしてこのワインの多くが、瓶詰めまで澱の上に置かれる、「シュール・リー」という独特の製造法で造られる。詳しい方法は、下のコラムを参照してほしい。

手を加えずに
上手くいく
こともあるね

澱の成分が加わるシュール・リー製法

シュールは「上」、リーは「澱」を意味する。澱の上という製法はナント地区で古くから行われていた。

一般的な醸造は、ぶどう果汁を発酵させる途中と熟成の間に、何度か澱引きをする。ワインに余計なにおいがついたり、にごったりするのをさけるためだ。

しかし、シュール・リー製法は、醸造後の翌年6月までは、あえて澱引きをしないまま、発酵・熟成させる。低温で長期間、澱と接触することにより、澱に含まれるアミノ酸などの旨み成分がワインに溶けだし、香りやコクが加わる。厳しい冬の寒さをいかした製法といえる。

魚料理に合う手ごろな白ワイン

ミュスカデの生産量はシャブリの5倍以上になる。価格は手ごろである。きちんと澱とともに発酵したもの（シュール・リー製法）は風味のある微発泡で、フレッシュ。シャブリと同様に魚介類の食事に合う。

おもなAOC（原産地統制呼称）

ミュスカデ Muscadet

ミュスカデ・デ・コトー・ド・ラ・ロワール Muscadet des Coteaux de la Loire

ミュスカデ・ド・セーヴル・エ・メーヌ Muscadet de Sèvre-et-Maine

ミュスカデ・コート・ド・グランリュー Muscadet Côtes de Grandlieu

おもなぶどうの品種

ミュスカデ（白ぶどう）
Muscadet
もともとは、ムロン・ド・ブルターニュという品種。現在はロワール地方でしか栽培されていない。改良が重ねられ、フルーティな早飲み用のぶどうとして人気がでてきた。マスカットの香りがするため、ミュスカデといわれるという。

へぇー
ナマの
蛤《はまぐり》に
よく合うね

ミュスカデは赤ワインのボージョレと同様に早飲みワインとして人気がでた。近年は生産者が増え、タイプもさまざま。気に入ったら、造り手名を控えよう。

おいしいわね

おだやかな環境 七割がピンク色のロゼワイン

ロワール川をナントから上流へと上っていくと、アンジュ地区とソーミュール地区がある。

ここまで川を上ると、もう大西洋の影響は少なくなり、夏は暖かく収穫の秋はおだやかな気候という、ぶどう栽培に恵まれた環境になる。

この両地区で造られるワインの七〇%は、ロゼワインだ。もっとも有名なのが、ロゼ・ダンジュとカベルネ・ダンジュ。

ロゼ・ダンジュの造り方は、白ワインとほとんど同じだ。カベルネ・フラン、カベルネ・ソーヴィニヨンなど、皮の黒いぶどうを圧搾し、かすかにピンク色になった皮と種のないぶどうジュースを発酵させる。華やかな色と香りのある、やや甘口のロゼワインだ。カベルネ・ダンジュは、カベルネだけで造られるロゼで、こちらはやや辛口。

ロゼワイン以外にも、きりっとした辛口白ワイン、貴腐ぶどうなどによる甘口の白ワイン、発泡性ワインのクレマンなど、この地区では多様なワインが造られている。近年では、赤ワインの生産も増え、優秀なものがたくさん世にでるようになった。

おもなぶどうの品種

シュナン・ブラン(白ぶどう)
Chenin Blanc
ピノ・ド・ラ・ロワールともいわれる。辛口の白ワインのほか、遅摘みにしたり、貴腐化させることでごく甘口のワインにもなる。
辛口ワインの色はほぼ無色透明。
蜂蜜やメロンのような甘い香りが特徴的。

そのほかに……

カベルネ・フラン(黒ぶどう)
Cabernet Franc（key word 24参照）

カベルネ・ソーヴィニヨン(黒ぶどう)
Cabernet Sauvignon（key word 24参照）

ガメ(黒ぶどう)
Gamay（key word 46参照）

グロロー(黒ぶどう)
Grolleau（ロゼワインの原料になる）

ロゼワインにも甘口から辛口まである

アンジュ地区のおもなAOC（原産地統制呼称）

アンジュは昔からローヌ地方のタヴェルと並び、ロゼワインの里といわれてきた。現在でも総生産量の半分近くをロゼワインが占めている。
アンジュのロゼワインの魅力はロマンチックな美しい色にある。さわやかという言葉がぴったりのロゼだ。

ロゼ・ダンジュ
Rosé d'Anjou

カベルネ・フラン、カベルネ・ソーヴィニヨン、ガメ、グロローなどの品種からロゼワインが造られる。ほんのりと甘味があり、冷やして飲むといい。

カベルネ・ダンジュ
Cabernet d'Anjou

カベルネ種だけでロゼワインが造られている。カベルネは上級ぶどうの品種とされるため、このロゼの生産が増えている。やや甘口から辛口まである。

アンジュ
Anjou

おもに、カベルネから赤ワイン、シュナン・ブランから白ワインが造られている。
フレッシュで軽いワイン。

コトー・デュ・レイヨン
Coteaux du Layon

シュナン・ブランを貴腐化させてごく甘口の白ワインを造る。カール・ド・ショームQuarts de ChaumeやボンヌゾーBonnezeauxという独自のAOCもある（ともに貴腐ワイン）。

サヴェニエール
Savennières

甘口〜辛口の白ワインが造られている。サヴェニエール・クーレ・ド・セランSavennières Coulée de Serrant、サヴェニエール・ロッシュ・オー・モワーヌSavennières Roche aux Moinesという辛口白ワインのAOCもある。

ソーミュール地区のおもなAOC（原産地統制呼称）

ソーミュールの町を中心に36の村から、赤、白両方のワインが造られている。アンジュ地区と似たワイン。ソーミュールSaumurというAOCのほかにも下のようなAOCが有名である。

ソーミュール・シャンピニ
Saumur Champigny

シャンピニ地区で造られる赤ワイン。ただのソーミュールの赤ワインよりも格上になる。

ソーミュール・ムスー
Saumur Mousseux

軽いスパークリングワイン。

散在する美しい古城と軽い赤ワインが名物

ロワール川の中部から東にあるのが、銘醸地として名の知れたトゥーレーヌだ。ぶどう畑の背景に、アントワーズ、シュノンソーなどの古城が点在する風景は、古きヨーロッパのムード満点だ。

この地区は気候が温暖で、畑は起伏の多い丘の南斜面にあるのでぶどうの生育もよく、赤、白、ロゼ、発泡性ワインと、さまざまなワインが造られている。

白ワインでは、シュナン・ブランから造られるヴーヴレーが有名だ。すもものような酸味をもつ、やや甘味のある辛口で、微発泡性、発泡性のワインもある。

ロワール地方でもっとも美味な赤ワインと評価の高いのが、カベルネ・フランから造られる、シノンやブルグイユ。シノンは、ジャンヌ・ダルクが王に謁見した舞台になったといわれるシノン城の近辺にある地域で、濃いルビー色をした、カシスの香りをもつワインが造られる。ブルグイユでは、シノンと似た、生き生きとした酸味のある清涼な赤ワインが生産されている。

おもなぶどうの品種

カベルネ・フラン（黒ぶどう）
Cabernet Franc
寒さや湿気に強い品種。熟するのも比較的早く、ワインも早いうちから楽しめる。
ボルドーのワインのように、濃厚でリッチにはならないかわりに、ぶどうの果実味がしっかりとあらわれる。

そのほかに……

シュナン・ブラン（白ぶどう）
Chenin Blanc（key word 71参照）

ソーヴィニヨン・ブラン（白ぶどう）
Sauvignon Blanc（key word 73参照）

ガメ（黒ぶどう）
Gamay（key word 46参照）

紅一点で知られたシノンのワイン

ロワール地方は白とロゼの印象が強いが、良質の赤も生産される。その筆頭がトゥーレーヌ地区のシノン地域のワインだ。カベルネ・フランをつかって造られるくせの少ないミディアムボディの赤ワインだ。ブルグイユ地域の赤ワインもシノンと同じタイプだ。食事によく合う。

トゥーレーヌ地区のおもなAOC（原産地統制呼称）（白）

ヴーヴレー Vouvray	シュナン・ブランから、濃い味わいとやわらかな香りをもつワインが造られる。白ワインとしてはリッチでコクのあるタイプだ。また、ヴーヴレーにはモワルーと呼ばれ、豊作の年にだけ造られる貴腐ワインがある。ボルドーのソーテルヌに匹敵するほど長期熟成に耐える。 この白ワインのほかに、下の２つのタイプのワインがヴーヴレーの名をさらに広めている。
ヴーヴレー・ペティアン Vouvray-Petillant	微発泡性のワイン。
ヴーヴレー・ムスー Vouvray Mousseux	シャンパン方式で造られる発泡性ワイン。
モンルイ Montlouis	ヴーヴレーの対岸に位置する。ヴーヴレーよりも少し優しい白ワインが造られる。ほかに微発泡のモンルイ・ペティアンMontlouis Pettilant、発泡性のモンルイ・ムスーMontlouis Mousseuxが造られる。

トゥーレーヌ地区のおもなAOC（原産地統制呼称）（赤）

シノン Chinon	ボルドーではブレンドの補助としてつかわれるカベルネ・フランが、このワインの主役だ。ほどよいボディで、果実味が豊か、さわやかなワインになる。軽い料理と相性がいい。赤ワインらしい濃さやたくましさとは異なるよさがある。
ブルグイユ Bourgueil	シノンと似たワインだが、もう少し厚みやコクがある。シノンのような歴史的逸話がないため、あまり知られていなかった。

そのほかに、サン・ニコラ・ド・ブルグイユという赤ワインのAOCやトゥーレーヌの名の付くAOCもいくつかある。

key word 73　ロワール／中央フランス地区

切れ味のよい辛口白ワインが造られる

中央フランス地区は、その名のとおり、ロワール川の上流、フランスのほぼ中央にあたる。お隣りはもう、ブルゴーニュのシャブリ地区。ロワール地方というより、土壌やぶどう品種についてはブルゴーニュにかなり近いといえる。白ワインの生産が主体だが、少量ながら赤ワインやロゼワインも造られている。

ロワール川をはさんで向かい合っているＡＯＣ（原産地統制呼称）が、サンセールとプイィ・シュル・ロワール。サンセールでは、おもにソーヴィニヨン・ブラン種から、さわやかで上品な辛口ワインが生産されている。プイィ・シュル・ロワールでは、シャスラという品種から、やわらかな味の白ワインが造られる。

中央フランス地区でもっとも知られているＡＯＣは、プイィ・フュメだろう。ソーヴィニヨン・ブランだけをつかった白ワイン。火打ち石のような独特の香味をもつといわれる、フルーティなワインだ。

そのほか、メネトゥ・サロン、クァンシ、ルイィの、合計六つがＡＯＣワインになっている。

名前は
似てるけど
まったく違うね

似た名前のワインこそ違いが気になる

ロワールの白ワイン、プイィ・フュメと、ブルゴーニュ白ワインのプイィ・フュイッセは名前がよく似ているがまったくの別物だ。

産地以外にも違いはある。フュメはソーヴィニヨン・ブラン種、フュイッセはシャルドネ種から造られる。そのため、フュメはさわやかな香りや酸味があり、フュイッセは力強く個性的だ。

フュメとは「煙・いぶす」という意味、フュイッセは「鉱石」という意味である。

似たような名前のワインだからこそ、飲み比べてその違いを探してみると面白い。

酸味の効いた白ワイン

世界のワインは辛口志向になってきた。個性的な辛口白ワインが造られる中央フランス地区は、注目を浴びてきている。
価格も手ごろでしっかりした辛口白ワインならこの地区で探すのがいちばんだ。

おもなAOC（原産地統制呼称）

プイィ・フュメ
Pouilly Fumé

ここで造られている白ワインは猫のおしっこというあまりありがたくない表現をされることもある。しかし、その香りはソーヴィニヨン・ブラン種から生まれた、草原の香りといっていい。さわやかで、スモーキーともいわれる。

サンセール
Sancerre

白ワインは、ごく辛口で特有の香りをもつ。しっかりした酸のおかげで、飲みごたえがあり、魚介類によく合う。ピノ・ノワール種とガメ種から造られる赤ワインは、めずらしさもあって近年人気がある。

プイィ・シュル・ロワール
Pouilly-sur-Loire

シャスラというぶどうから、酸味があまりなく、くせのない白ワインが造られている。

メネトゥ・サロン
Menetou-Salon

サンセールとクァンシの中間に位置する。やわらかい赤、白、ロゼが造られている。

クァンシ
Quincy

ソーヴィニヨン・ブランから軽い、早飲みの白ワインが造られている。

ルイィ
Reuilly

クァンシと同じく、ソーヴィニヨン・ブランから辛口白ワインが造られている。

おもなぶどうの品種

ソーヴィニヨン・ブラン（白ぶどう）
Sauvignon Blanc
ロワールでは草原の香りのするワインになる。酸味や果実味、甘味があり、早飲みタイプ。
key word 24参照。

シャスラ（白ぶどう）
Shasselas
酸味が少ないワインになる。スイスワインの代表品種。

ピノ・ノワール（黒ぶどう）
Pinot Noir
ロワールで栽培されると果実味が強くでる。
key word 46、68参照。

わらの上でぶどうを乾燥 その名も〝わらワイン〟

ジュラ地方は、ブルゴーニュの東、スイス・イタリアとの国境に近いジュラ山脈の山麓にある。ちなみに、大型恐竜が生きていた時代のジュラ紀という名称は、この地の地層を研究した成果による。

ジュラ地方の生産量は少ないものの、赤、白、ロゼ、発泡性ワインなど多様なワインが造られている。ちょっとめずらしいのは、〝わらワイン〟ヴァン・ド・パイユ〝黄ワイン〟ヴァン・ジョーヌと呼ばれる、この地方独特のワインだ。

わらワインという名称がつけられているのは、ぶどう収穫後、最低二ヵ月間、わらの上に置いて陰干しをするからだ。乾燥して干しぶどうのようになった粒を圧搾して、ワインを造る。生まれたワインは、琥珀《こはく》色をした香りの高い、甘美な味わいをもち、デザートワインに適している。

黄ワインは、サヴァニャンという品種から造られるごく辛口白ワイン。醸造後最低六年間樽で熟成させるが、その間に樽の木目から空気がはいり、ワインの表面が酸化されて、濃い黄色に変化するのだ。味は、辛口のシェリー酒に似ている。

最近は人気が高まってるね

サヴォア地方のワイン

ジュラ地方の東南に位置し、フランス・アルプスをのぞむ山岳地帯にあるのが、サヴォア地方だ。なにしろぶどう栽培には厳しい気候条件なので、寒さに強い品種を選んで栽培されている。生産量の７割が、土地柄を示すような涼やかな味わいの辛口白ワインだ。

レマン湖南岸にあるクレピーでは、シャスラという品種による辛口白ワイン、この地方中央にあるセイセルではクリーミィな発泡性ワインが造られる。

そのほか、ヴァン・ド・サヴォワでは赤、白、ロゼ、ルーセット・ド・サヴォアでは白がおもに造られている。

ジュラ地方のおもな生産地

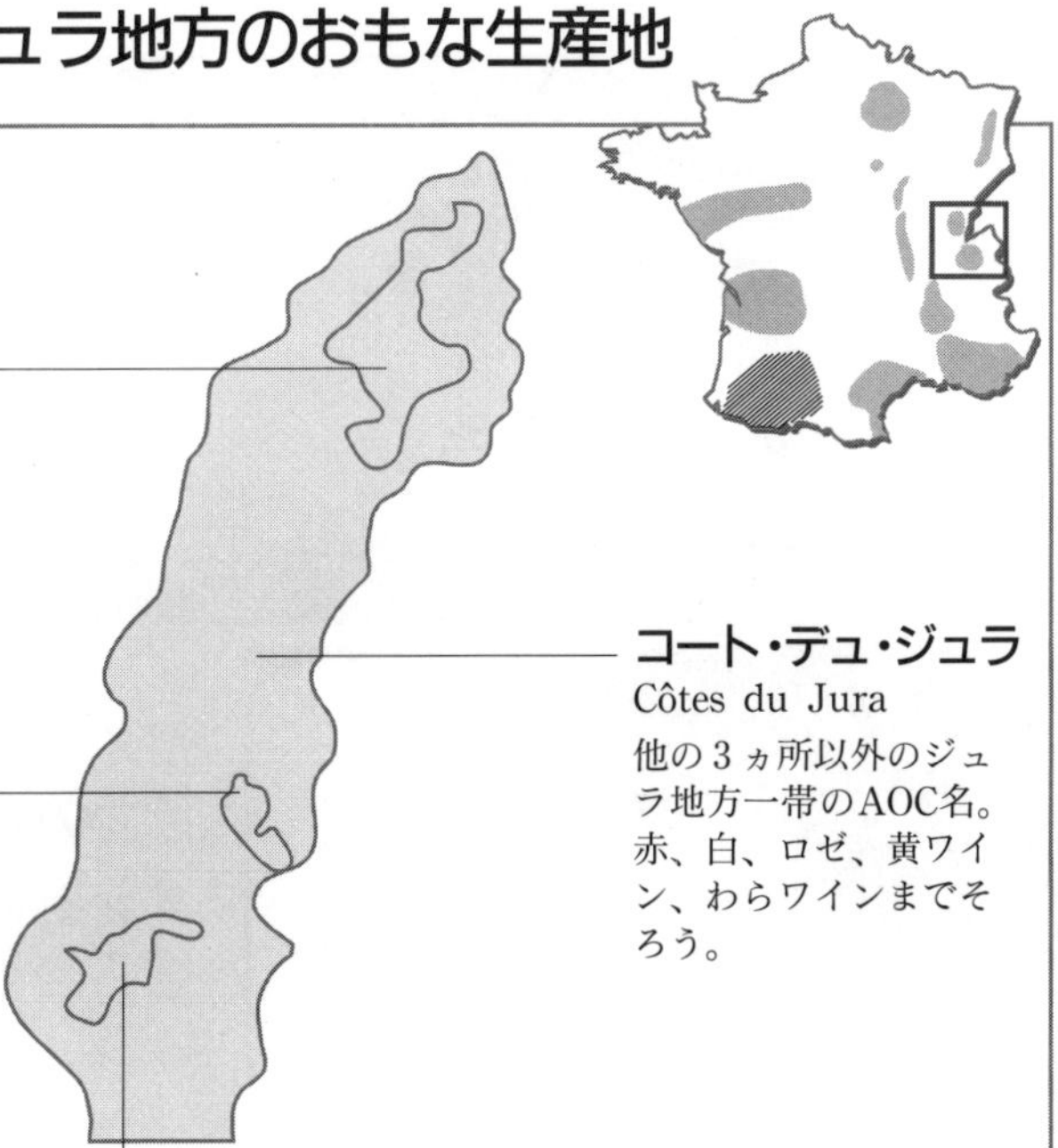

アルボワ
Arbois
近代醸造学の父パストゥールは、この地で発酵の原理を発見した。ジュラ地方特有のぶどうサヴァニャンから造られる辛口白ワインがある。

コート・デュ・ジュラ
Côtes du Jura
他の３ヵ所以外のジュラ地方一帯のAOC名。赤、白、ロゼ、黄ワイン、わらワインまでそろう。

シャトー・シャロン
Château-Chalon
シャトー・シャロンという名の修道院があった地。サヴァニャンから伝統的醸造法で造られた黄ワイン（Vin Jaune）がおすすめ。

レトワール
L'Étoile
辛口白ワインのほか、少量だが、わらワイン（Vin de Paille）なども造られている。

ジュラで栽培されるぶどう

赤ワイン用には、色素の薄いプールサール、甘味のあるトゥルソーが栽培される。白ワイン用にはシャルドネのほかに、サヴァニャンという品種が栽培される。

サヴァニャン
Savagnin
ナチュレという別名をもつ白ぶどう。わらワイン黄ワインにつかわれる品種で、飴色の果実になる。熟成を経て、クルミやアーモンドのような香りになる。

ジュラ特有のボトル
黄ワインのボトルは、通常の形とは若干異なる。背が低く太めだ。容量も普通の750mℓに対し、620mℓと小さい。
この量は、６年間の熟成で１ℓのワインが蒸発により目減りした残りの量だといわれる。
ジュラでは熟成の途中で、注ぎ足しや澱引きを行わない野性的な手法を守っている。ボトルの形にもそれがあらわれているのだ。

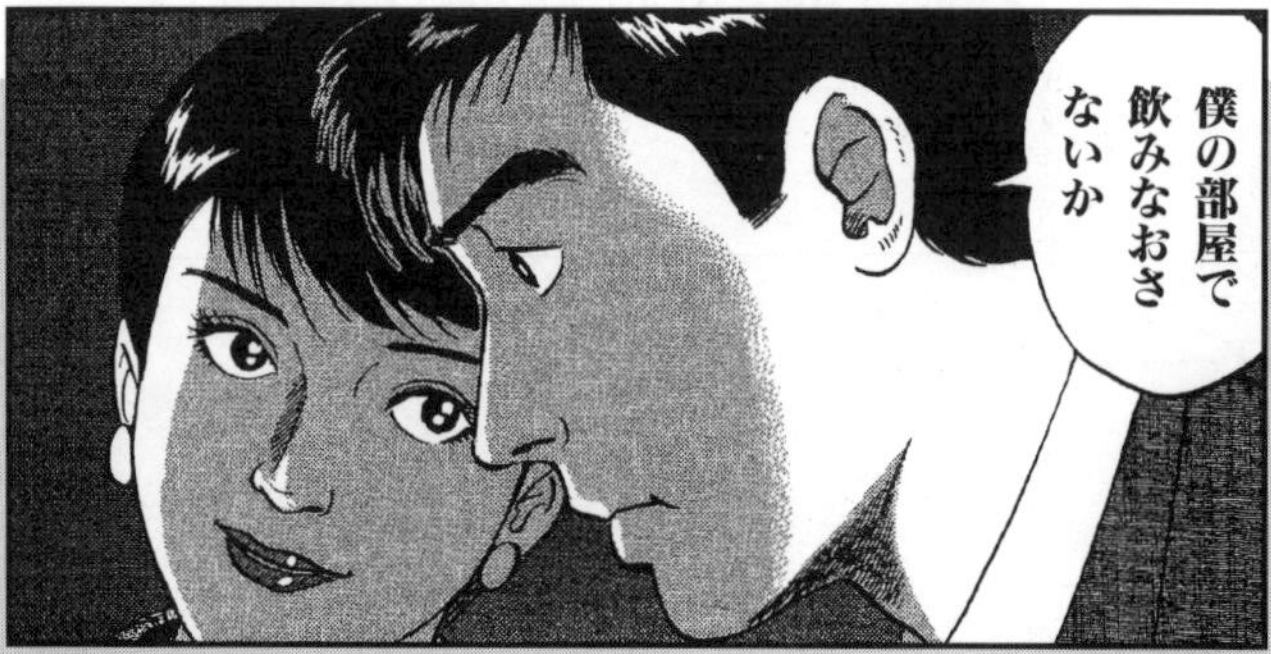
僕の部屋で飲みなおさないか

このカクテルを飲んだら考えるわ

ワインをそのまま
飲むのもおいしいが
オシャレな飲み物に
するのもいいものだ

ワインカクテルなら僕もつくれるよ

ギュッ

おいしいものに女は弱い
おなかが満足したら
その後は……

女性を口説くときにワインカクテルをつくりたい人はkey word 82へ

第6章

大地と光のワイン
——ローヌ、プロヴァンス、ラングドック、ルーション、南西部

う～ん
くらくらするような芳香が
あふれでてくる

ローヌのワインはお日様の産物

ローヌ地方は、スイス・アルプスを源とし、ブルゴーニュ地方を貫いて南下するローヌ川の流域にある。フランス南東部の一大銘醸地だ。ローヌ川沿いの道路は太陽がさんさんと降り注ぐ温暖な地域で、〝太陽道路〟と呼ばれる。ここで生まれるワインは〝太陽のワイン〟といわれている。

太陽をたっぷりと浴びたぶどうから造られるローヌ産の赤ワインは、長期の貯蔵にもたえる。ボルドー、ブルゴーニュという二大銘醸地産のワインにけっしてひけをとらない良質のものだ。この地方は美食の里でもあり、ワインだけでなく各種の農産物、トリュフなどのきのこ類、チーズなど、美味な食材にあふれている。ローヌ産の赤ワインは、こうした食材の友としても相性がたいへんよく、美食家にはうれしいかぎりだ。

にもかかわらず、二大銘醸地のような名声のプレミアがつかない分、手ごろな値段で手に入るのも、ローヌ産赤ワインのありがたい点といえる。コストパフォーマンス、つまり値段に比した質のよさという意味では、世界一ではないかとの声もある。

最近健康を考えるようになった
ワインがいいな

ぶどうの果皮や種子にはポリフェノールという物質が含まれる。抗酸化作用があり、動脈硬化を防ぐ働きがある。

そうですね
赤ワインには
血液をさらさらにする
ポリフェノールが
はいっていますから

赤ワインのなかでも、強い日差しで熟される南仏のぶどうにはポリフェノールが多く含まれるようだ。

ローヌ地方のおもな生産地

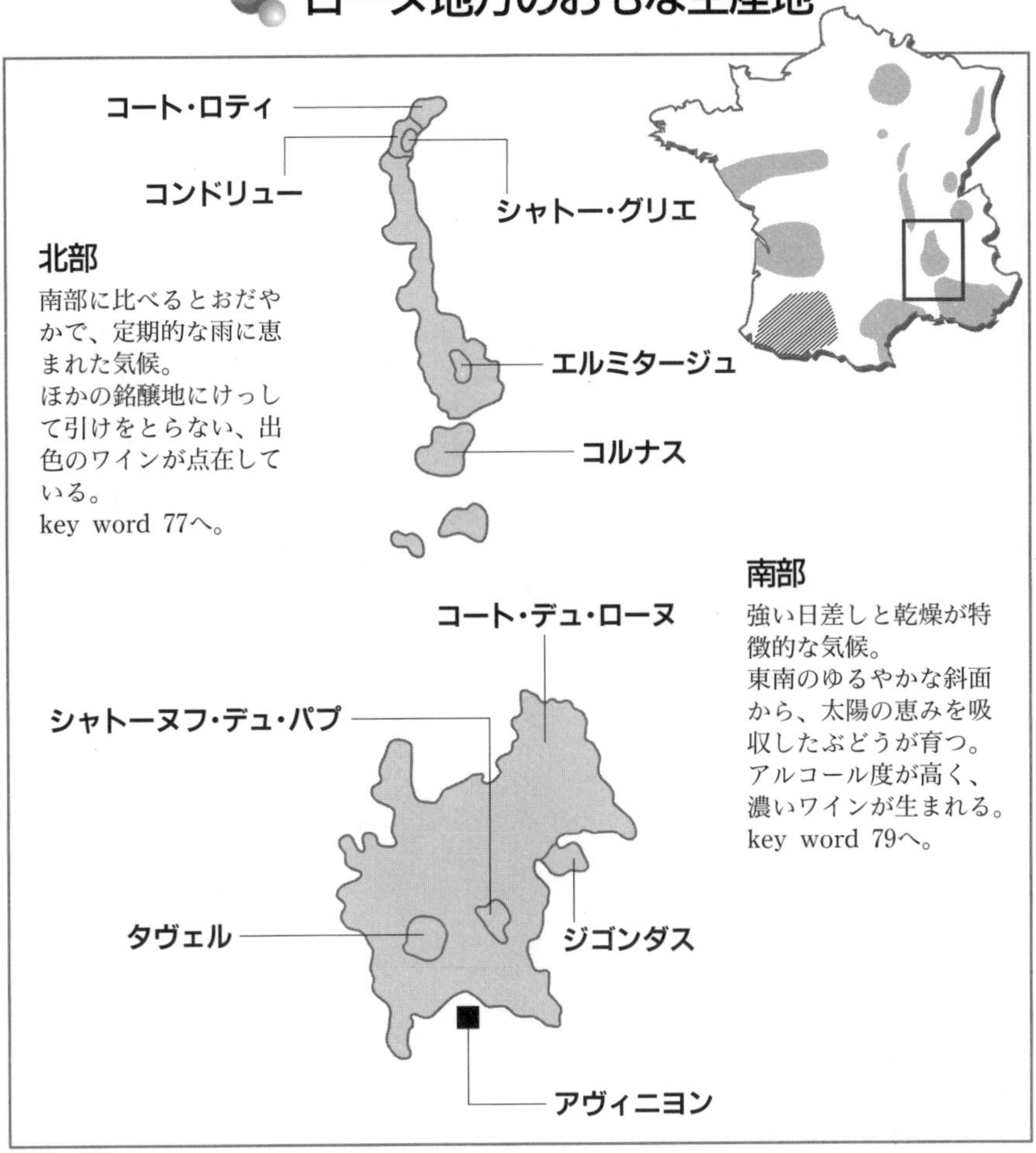
コート・ロティ
コンドリュー
シャトー・グリエ
北部
南部に比べるとおだやかで、定期的な雨に恵まれた気候。
ほかの銘醸地にけっして引けをとらない、出色のワインが点在している。
key word 77へ。
エルミタージュ
コルナス
南部
強い日差しと乾燥が特徴的な気候。
東南のゆるやかな斜面から、太陽の恵みを吸収したぶどうが育つ。
アルコール度が高く、濃いワインが生まれる。
key word 79へ。
コート・デュ・ローヌ
シャトーヌフ・デュ・パプ
タヴェル
ジゴンダス
アヴィニヨン

ボルドー、ブルゴーニュとの違い

とにかく日差しが強く暑い。そのため、生育に適したぶどうが二大産地ボルドーとブルゴーニュとは異なる。ブルゴーニュ南部の主要品種であるガメなども栽培されるが、仕上がりはまったく別物。ぶどうの仕上がりが異なるということは、ワインのでき上がりもまったく変わる。飲み比べてみれば、同じぶどうの品種であっても気候と土壌でいかに違うかがわかる。

タイプは違うが、二大産地の半値以下で手にはいる。たくさん気軽に飲めるのがいい。

key word 76 ローヌのぶどう

深〜い色の赤ワインが九割以上

ローヌ地方の生産量の九割以上が、赤ワインだ。

この地方は土壌や気候などにより、大きく北部ローヌと南部ローヌに分かれているが、たんに地理的な区分けだけでなく、それぞれつかわれるぶどうの品種も造り方もガラリと異なる。

北部ローヌでは、赤ワインの品種としては、シラーだけがつかわれる。シラーから生まれるローヌの赤ワインは、たいへん香りの高い、力強い味わいになる。

南部ローヌでは、暑い気候向きのグルナッシュ種が中心で、よくできたワインには荘厳なほど豊かな味わいがある。ただし南部では、グルナッシュはじめ、サンソー、カリニャン、ムールヴェードルなど、最低でも三種類以上をブレンドするのが一般的だ。

白ワイン用のぶどうも、北部では、ヴィオニエ種が単独でつかわれたり、マルサンヌとルーサンヌ種がブレンドしてつかわれるのに対し、南部では、ブールブーラン、クレレット、ピクプール種などもブレンドにつかわれる。

赤ワインの優良年（★印はとくに優良年）

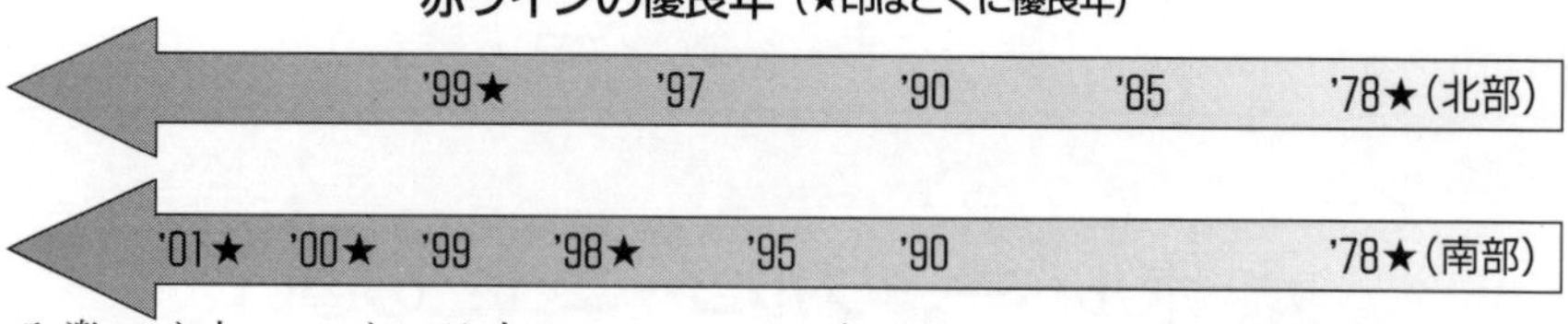
'99★
'97
'90
'85
'78★（北部）
'01★
'00★
'99
'98★
'95
'90
'78★（南部）

七八年は北部・南部ともに最高の年。天候には悩まされたが、大物に仕上がった。

八九、九〇年の南部のワインはちょうどいまごろが、飲み頃ではないか。

九九年の北部のワインは、現段階ではタンニンが荒いが、力強いワインになりそうだ。

九八、二〇〇〇年はとくに南部のワインがいい。早いうちからでも楽しめるといわれている。

太陽エネルギーが豊かな芳香を生む

赤ワイン用のぶどう

シラー
Syrah
果実は濃い赤色で、タンニンもたっぷり。できあがりのワインの色も紫や黒に近い。北部の赤ワインでは唯一AOCワインにつかわれる品種。

グルナッシュ
Grenache
シラーほど濃い色ではないが、アルコール度はきわめて高くなる。
なめらかな舌ざわり、ねっとりとした甘さが印象的。
南部の代表品種。

ムールヴェードル
Mourvèdre
コクとスパイスのあるワインになる。
スペインが原産。

サンソー
Cinsaut
早飲みの赤ワイン、ロゼワインにつかわれる。南部で栽培される品種。

カリニャン
Carignan
南部でブレンド用につかわれる。
酸味が強い。

白ワイン用のぶどう

マルサンヌ
Marsanne
やや重みがあり、オイリーなコクがある。繊細なアロマが生まれるのも特徴。ローヌ南北で栽培される品種。

ルーサンヌ
Roussanne
まったりとして、甘味のある品種。さらに可愛らしい華やかな香りが特徴。ローヌ南北で栽培される。

ヴィオニエ
Viognier
北部のコンドリューなどで栽培される。
香水のような花の香りが立ち上る、独特の白ワインになる。

そのほかにも……
南部の白ワイン用に、ユニ・ブランUgni-Blanc、クレレットClairette、ブールブーランBourboulenc、ピクプールPicpoulなどがある。

〝火あぶりの丘〟で甘美な味わいが生まれる

ローヌ川両岸の、花崗岩が削られてできた急峻な丘の斜面に、ぶどう畑が階段状に細長くつづくローヌ北部地区。急斜面の段々畑という地形のため農作機械をいれられず、ぶどう栽培は人力に頼るしかない。そのため生産量はそれほど多くないが、逆巻くローヌ川を見下ろす日あたりのいい畑から、すばらしい赤ワインが生まれる。

ローヌ川西岸のコート・ロティは、ローストされた丘という意味で、つまりは〝火あぶりの丘〟だ。北部のなかでも北にある狭い地域だが、南南東向きの畑で太陽をたっぷりと浴びたシラー種から造られる赤ワインは、濃いルビー色をしており、繊細で甘美な味わいをもつ。

コート・ロティの南には、白ワイン専門のコンドリュー、同じく白ワインのシャトー・グリエ、早飲みタイプの赤ワイン・白ワインの産地サン・ジョセフ、長熟タイプの赤ワインを産するコルナス、発泡性ワインを生むサン・ペレといったAOC地域が連なる。

これらはみなローヌ川西岸だが、サン・ジョセフの対岸に、コート・ロティとともにこの地区を代表する地域の、エルミタージュがある。

おいし

アルコール度の高さと深いコクが、ローヌワインの売りだ。15℃くらいで飲むと、ちょうどいい風味がでる。

口あたりのよさに誘われて、ついついたくさん飲んでしまいがち。飲みすぎに要注意だ。

ふわぁ……
もうなにがなんだか分からないくらい飲んじゃったよ

パワフルでパンチの効いたワイン

北部のワインは、ボルドーの力強さやブルゴーニュの複雑さに対抗する品質を誇っている。この地域のワインが、ボルドー、ブルゴーニュのようにもてはやされないのが、不思議なほど魅力あふれる産地である。

ローヌ北部のおもなAOC（原産地統制呼称）

コート・ロティ
Côte Rôtie

パワフルな香りと、オイルのようななめらかさ、深い味わいをもっている赤ワインが造られている。

コート・ロティはコート・ブロンドとコート・ブリュンヌという2つの丘に位置する。かなり急勾配な斜面に畑がつづく。

この地の領主が2人の娘に畑を分け与えたことから、それぞれの丘の名前がついたという説がある。1人の娘はブロンド（黄金色）の髪を、もう1人の娘はブルネット（黒色）の髪をしていたそうだ。ブルネットが変化してブリュンヌになった。

ブロンドからはタンニンが少なくしなやかなワイン、ブリュンヌからは力強く、タンニンが多い長熟タイプのワインが造られている。

コンドリュー
Condrieu

上品で華やかな香水のような香りをもつ白ワインが造られている。フルボディで黄金色、アルコール度も高く、余韻が長いのが特徴。ヴィオニエ種というぶどうをつかう。

コンドリューのワインが世に知られた一端に、数人のシェフの影響力があった。コンドリューの近くの町、ヴィエンヌに有名シェフを輩出するレストランがあった。元イギリス首相チャーチルや、小説家ジャン・コクトーも客の1人だったという。そこではすばらしい料理とともに、コンドリューのワインがだされていたのだ。

シャトー・グリエ
Château Grillet

コンドリューと同じように、ヴィオニエ種だけで白ワインを造る。辛口で、果物のような香りがある。畑は3haと狭く、生産量もごくわずかだ。

エルミタージュ
Hermitage

key word 78へ

コルナス
Cornas

原始的で力強さを感じる赤ワインが造られている。大量のタンニンが熟成によって、力強いアロマにかわる。

エルミタージュ――十字軍が生んだコクのある濃い赤ワイン

ローヌ川東岸に、まるでそそり立つような急勾配の三つの丘がある。ローヌ地方でもっとも有名な産地、エルミタージュだ。

紀元前五〇〇年前に、ギリシャ人がこの地にぶどうの木をもたらしたともいわれているが、よく知られている伝説は、十三世紀の十字軍のガスパール・ド・ステランベールという戦士が、初めてここにぶどうを植えたという話だ。彼は相次ぐ戦いに傷つき、エルミタージュの丘に逃避して隠遁《いんとん》生活を送ったという。彼がつくって住んでいたといわれる礼拝堂を、現代的に再建した建物が、丘の頂上に建っている。

隠遁者が造ったワインをスタートとして発達したエルミタージュは、十八世紀ごろから、フランス国内外でひじょうに高い評判を得ていた。なんとボルドーワインにもエルミタージュが添加され、それには「エルミタージュ」という名が冠され、とくに高値で売られていたという。

その後は、害虫、世界大戦、不況という憂き目に打ちのめされたこの地だが、シラー種から造られる濃いルビー色の香り高い赤ワインの味わいはいまも燦然《さんぜん》と輝き、ふたたび世界から熱い注目を浴びている。

自然に勝るものはないね

自然の力を利用するバイオダイナミック

近年、無農薬や有機農法の農作物が大人気だが、ワイン界にもその流れは確実に広がっている。〝バイオダイナミック〞という手法を、エルミタージュにあるシャプティエをはじめとする生産者がとり入れているのだ。

バイオダイナミックは、化学肥料や殺虫剤、除草剤などをつかわず、微生物をつかって土壌を調整したり、害虫の天敵を繁殖させて害虫を退治するという具合に、徹底的に自然の力を利用して、畑が本来もっている活力を引きだす。そのぶどうから造られたワインは、まさに自然の恵みそのものなのだ。

長期熟成できるワインのひとつ

アメリカ大統領トマス・ジェファーソンがまだ駐フランス大使だったころ、エルミタージュを、550本も購入したという話がある。そのころは、フランスでもっとも高価なワインのひとつだった。いまでも、最高の造り手のものは破格の価格だが、手ごろに買えるものも多い。赤、白ともにフルボディで力強い。

使用するぶどう

赤ワイン	15%程度は白ワイン用ぶどうをブレンドできる。だが、実際はブレンドされることはほとんどなく、シラー100%のワインが多い。
白ワイン	マルサンヌ100%からルーサンヌと半々のものまである。ブレンド率は生産者ごとに異なる。

典型的な長熟タイプ

エルミタージュは色も味も濃く、タンニンが豊富だ。そのため、若いうちは荒い。10年から15年おいて、ちょうどバランスがとれてくるほどだ。ボルドーのグラン・クリュよりも長寿だといわれ、赤なら40年、白なら25年くらいは熟成していくという。

これだけ長寿なら、自分と同い年のワインも見つかるかも……。

自分と同じだけ時を経たワインを飲むのは、感動的だろう。ただしあまりにも古い場合、味は期待しないほうがいい。

自然にこだわる生産者

エルミタージュでもっとも畑を多く所有しているのが、シャプティエという生産者だ。

現在の責任者にかわったときから、ぶどう畑の力を引きだすバイオダイナミックにこだわり、ワインの質を一新させた。

ぶどうの収穫量を減らし、野生の酵母をつかい、澱引きをしないことで、重々しい複雑さを生みだした。

シャプティエは、エルミタージュ以外でも、南部のシャトーヌフ・デュ・パプなどいくつかの地でワインを生産している。

そのほかに、ネゴシアン（ワイン商）として、ラングドックなどの南フランスへ進出している。

key word 79 ローヌ南部

畑を小石が保温する

急勾配な丘の上にある北部と違い、南部ローヌはローヌ川両岸に広がるなだらかな大地だ。また、北部は大陸気候なのに対し、南部は地中海気候と、同じローヌ地方でも地形や気候はガラリと違う。

もともと太陽の恵み豊かな地中海気候のうえに、さらにぶどうの生育を助けているのが、砂や小石で覆われた土壌だ。この石が日中の熱をしっかりと蓄え、夜になると放熱するので、畑は夜になっても温かい。このような天然の保温装置のなかで、とても糖度の高いぶどうができる。

ぶどう栽培にぴったりの環境だけに、南部ではさまざまな品種がつくられ、それを何種類もブレンドしてワインを造る。多い場合は、十種もブレンドされることさえある。品種もブレンドの仕方もまちまちなので、造り手によってじつに多彩な味のワインができる。しかも北部は質の高いワインの量が少ないのに、南部は良質ワインが豊富にある。

南部の赤ワインは、出荷したらすぐに飲めるという特長もある。にもかかわらず、たいていは手ごろな値段だから、少ない出費で良質のワインが味わえるという、ワイン好きにはじつにうれしい地域なのだ。

今日はちょっと体調がすぐれないんだ上海の冬は日本より寒かったし

体調が気になるときはホットワインにして、体を温めるといい。日本の卵酒のようなものだ。

濃い赤ワインは寒い季節にとくにぴったり合う。赤ワインには風邪の予防になるというフラボノイドも含まれる。

これを飲めばすぐ元気になるわ
濃い赤ワインで体をあっためてすぐ寝ちゃうのがいちばんんよ

手ごろで楽しくなる

ローヌ南部のワインは料理との相性がいい。若くて、力強い赤ワインは、ビーフシチューや照り焼きによく合う。和食なら、うなぎの蒲焼にもぴったりだと思う。南仏の料理であるラタトゥイユ（野菜を煮込んだスープ）にはジゴンダスのようなワインがいい。自宅でしっかりご飯をつくったときの相棒になるようなワインだ。

ローヌ南部のおもなAOC（原産地統制呼称）

シャトーヌフ・デュ・パプ Châteauneuf-du-Pape	key word 80へ
ジゴンダス Gigondas	たくましくて素直な赤ワインが造られている。グルナッシュやシラーを中心に数種のぶどうがブレンドされる。もったいぶった味わいではなく、はっきりしている。 昔はブルゴーニュのワインに重みやアルコール度をプラスするため、ブレンドされていたという。 ボリューム感とたくましさから、「炎のワイン」とも称される。きわめて濃い味わいなので、冬場、寒いときにはぴったり合う。少量だがロゼも造られている。
タヴェル Tavel	グルナッシュ種を主体とした辛口のロゼワインが造られている。ロワール地方のアンジュと、ローヌ地方のタヴェルが、フランスのロゼの二大生産地だ。 アンジュが桃色なのに対し、タヴェルはサーモン・ピンクから、オレンジになっていく。果実味がしっかりある、ヘビーなロゼだ。力強いので、肉料理を合わせてもうまくいく。
ラストー Rasteau	グルナッシュを主体とした天然甘口ワイン（ヴァン・ドゥー・ナチュレル）を造っている。

ローヌ南部のワインはコストパフォーマンスが高い

安定した品質	安定した気候のため、ワインの質も安定する。そのためヴィンテージに左右されることが少ない。
総生産量の多さ	総生産量が多いため、供給不足は起きにくい。値がつりあがることも（いまのところは）ない。
広大な生産地域 **低い栽培密度**	広い栽培地域をもちながら同一面積あたりに植えられるぶどうの木はほかの地域の半分程度。そのためぶどう1つ1つに栄養分や旨みが凝縮され、濃いワインに仕上がる。

key word 80 ローヌ南部のワイン

シャトーヌフ・デュ・パプ――濃いルビー色の〝法王のワイン〟

ローマ法王といえばバチカンだが、じつは一三〇九年から一三七八年まで、フランス王とローマ法王との関係が緊張した結果、ローヌ地方南部の都市アヴィニヨンに法王が住んでいたことがある。一三一七年、法王ヨハネス二十二世は、アヴィニヨンの暑さと喧噪《けんそう》を嫌い、郊外のローヌ川左岸の奥まった場所に別邸を建てた。それが、南部ローヌでもっとも有名な産地、シャトーヌフ・デュ・パプ――〝法王の新しい城〟。

歴史に彩られたこの地は、アルプス氷河のなごりである大きな石で覆われており、その石が畑の保温の役目を果たし、ひじょうに良質のぶどうがとれ、昔から良質のワインが造られていたが、ほかの多くの地と同様、戦争や害虫被害、不況などで落ち込んだ時期があった。

しかし二十世紀初頭、ぶどう園主のバロン・ル・ロワらが、ぶどう収穫時には品質によらず五％破棄する、正確な境界内で生産されたものでなければならないなど、ひじょうに厳しい規制をつくった。この規制が功を奏して、現在のような色の濃い力強く、偉大なる赤ワインが誕生したのだ。

僕は居酒屋でわいわいがやがやと飲むときにこそ、ローヌの濃い赤ワインが合うと思う。

"ローヌのボルドー"といわれる豪奢なワイン

シャトーヌフ・デュ・パプの土壌は変化に富んでいる。多様なぶどうが栽培され、数種類がブレンドされる。

高名なワイン評論家のロバート・M・パーカーJr. はシャトーヌフ・デュ・パプを"ローヌのボルドー" といい、その豪奢な味わいを絶賛している。

使用するぶどう

赤ワイン	グルナッシュを中心にシラー、ムールヴェードル、サンソーなどをブレンド。13種ものぶどうをブレンドするところもある。
白ワイン	グルナッシュ・ブラン、クレレット、ルーサンヌ、マルサンヌなどをブレンドして造る。

偉大なワインを造るミストラルと石ころ

この地の気候の特徴にミストラルというものがある。

ミストラルとは、アルプスから地中海を吹きぬける強風のこと。時速80㎞もの強風が、年間120～150日ほど吹きつづけるのだ。

しかし、一見過酷なこの気象こそ、偉大なワインが生まれる秘密なのだ。不規則に降るにわか雨と強風が、一時的でも畑を涼しくする。また、灰色カビ病というぶどうの病気も、強風によって防がれているといわれる。

石ころにも秘密がある。174、176ページでもふれたが、ローヌ南部の土壌は、ハンドボール大の赤茶けた石ころや、砂利に覆われている。石は熱を保持し、放出する作用が高い。昼間吸収した熱を、夕方以降に吐きだす。朝晩ともに年中温かいため、ぶどうの糖度が高くなり、その結果アルコール度も高くなる。

多くの名生産者がひしめいている

シャトーヌフ・デュ・パプは古くからのワイン産地で、伝統ある酒造りの名家がひしめいている。そのせいか造りのひどいワインにあたることはあまりない。

だが、同じシャトーヌフ・デュ・パプでも、味わいはさまざま。1本飲んで、好き、嫌いを判断しないほうがいい。

シャトー・ド・ボーカステルCh.de Beaucastelは有機農法のパイオニアであり、洗練されたワインを造る。シャトー・レイヤスCh. Rayasはグルナッシュを100%近くつかい、口あたりのマイルドなワインを造る。このほか、300年の歴史を持つ名門で、バランスのいいワインをつくるクロ・デ・パプClos des Papes、エルミタージュの醸造元であるシャプティエ、最上のひとつと定評のあるアンリ・ボノーHenri Bonneauなどを筆頭に、多くの生産者がひしめいている。

テーブルワインが八割を占める フランス最古の産地

紺碧の地中海に面した南仏プロヴァンス地方。太陽がさんさんと降り注ぐこの地は、フランス最古のワイン産地だ。

紀元前六〇〇年ごろには、すでにぶどうの木があり、東方からやってきたフェニキア人によってワイン造りが始まったといわれている。紀元前一〇〇年ごろには、この地を占領したローマ人が、現在フランス最大の貿易港であるマルセイユから、ワインを地中海全域に輸出していた。

温暖な地中海気候だけが、この地のぶどうを育てているのではない。プロヴァンスは、有名リゾート地のニースからマルセイユまでの地中海沿岸部と、古都アルルなどのある内陸部に大きく分けられる。内陸部では、地中海の暖気とアルプスからやってくる冷気による温度差から、〝ミストラル〟という突風が吹き荒れる。この突風の影響で、酸味のあるさわやかな風味のぶどうができるのだ。

典型的な地中海気候の沿岸部では、太陽の恵みで大量のぶどうがとれる。安くて飲みやすいテーブルワインが八割を占めているが、近年では高級ワインの生産も増えている。

コルス島とコルシカ島は同じ島だよ

コルス島ではイタリアンなフランスワインができる

主なAOC

アジャクシオ
Ajaccio

パトリモニオ
Patrimonio

ヴァン・ド・コルス
Vin de Corse

地中海上の島コルスでは、ぶどうはイタリア、フランスでつかわれる品種が栽培されている。そのため製法はイタリアの影響を受けているが、ワインはフランス、イタリア両国の特色が混ざっている。

近年は良質のAOCワインも造られるようになったが、その3倍ものテーブルワイン（ヴァン・ド・ペイ）が量産されている。

左の3つのAOCは赤がほとんどだ。

陽気で元気になるワインと料理

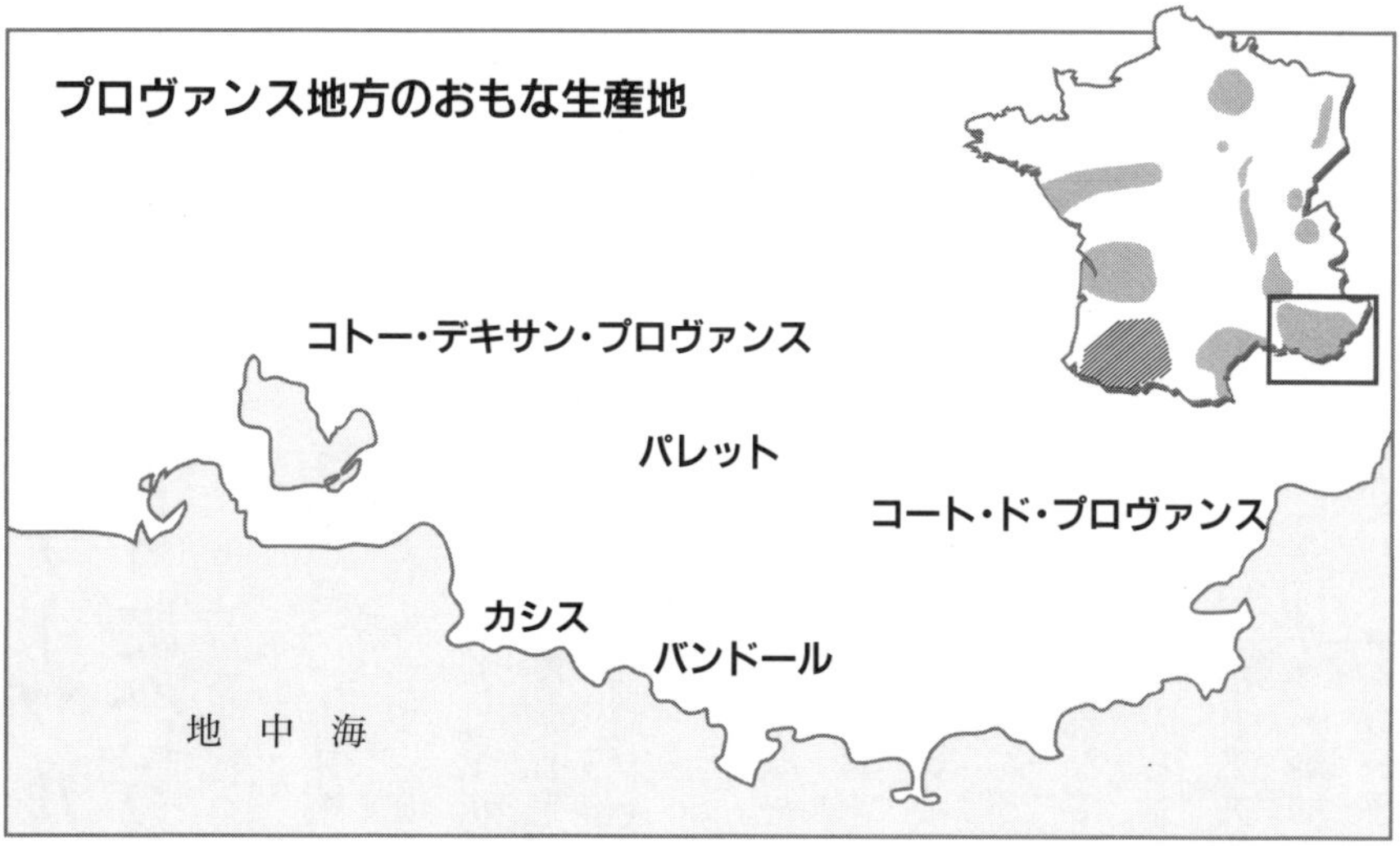

2600年ほど前、プロヴァンスで初めてロゼワインが造られたという。いまでもプロヴァンスで造られる8割近くがロゼワインだ。テーブルワインがほとんどだが、骨太の赤や白もある。
地元だけあって地中海料理と相性がいい。

プロヴァンス地方のおもなAOC（原産地統制呼称）

コート・ド・プロヴァンス Côtes de Provence
プロヴァンス最大の栽培面積。ロゼを多く産出。

バンドール Bandol
辛口ロゼとスパイシー&タニックな赤ワインが特徴。

カシス Cassis
ここの辛口白は郷土料理ブイヤベースに欠かせない。

パレット Palette
きれいな黄色の白ワインのほか、赤・ロゼも造られている。

コトー・デキサン・プロヴァンス
Coteaux d'Aix-en-Provence
マイルドでしっかりした赤、白、ロゼを産出する。

赤ワイン用のぶどう
ローヌと同じように、カリニャン、グルナッシュ、カベルネ・ソーヴィニヨン、シラーなどが栽培されている。ロゼにもつかわれる。

白ワイン用のぶどう
セミヨン、ユニ・ブラン、クレレットなどから、早飲みタイプのテーブルワインが量産される。

プロヴァンスのテーブルワインはカクテルパーティに合う

プロヴァンス地方のぶどう品種は、ローヌ地方とほぼ同じだが、大量に造られるワインの約七割がロゼワインで、赤ワインが二五％、白ワインが五％程度だ。プロヴァンスでもっとも生産量が多いのは、この地方のぶどう栽培面積の八〇％を占めているコート・ド・プロヴァンス地区。また、一九八五年にＡＯＣに格上げされたコトー・デキサン・プロヴァンスも広大だ。

高級リゾートという印象のある地中海地域だが、ワインは、手ごろなものがほとんど。総生産量のおよそ八割が日常消費用ワインだ。

総体的に軽くてさわやかなテーブルワインなので、毎日の食事やホームパーティなどで気軽に味わえる。もちろんそのままたっぷり飲むのもいいが、たまにはワインを使ったおしゃれなドリンクを楽しむのもいいものだ。ホームパーティでサングリアをふるまったり、ワインのカクテルでムードづくりをしてみてもいい。ひと工夫して楽しむのに、ちょうどいい手ごろなワインだ。ちなみにカクテルにする場合、副材料に糖分があるので、ワイン自体は甘味のないものが好ましい。

友達とランチのときは
飾らないのが　いちばんね
軽い食事と軽いワイン
にぎやかに
おしゃべりをしていたら、
悩みなんか
どこかへ行ったわ

カクテルにはドライなワインが合う

ホームパーティーや家族の誕生日など、しゃれた飲みものをだしたいとき、自分でワインカクテルをつくってみるといい。家にある果物やジュースをつかって、簡単につくれる。お客様にもきっとよろこんでもらえるはず。

サングリア

もとはスペインの家庭で楽しまれていた飲み物だ。

軽い赤ワインにお好みで砂糖をまぜ、スライスした果物を入れて2、3時間置く。きりりと冷やせばできあがりだ。

赤ワイン以外に、白ワイン、シャンパン、ロゼワイン、どれを使ってもいい。ただし栓を抜いたワインは鮮度が命だから早めに飲みきりたい。

スプリッツァー

グラスに氷とソーダ、白ワインをいれ、軽くまぜる。炭酸いりミネラルウォーターのようなさっぱりした味。

語源はドイツ語の〝シュプリッツェン〟。〝はじける〟という意味。

ワインクーラー

グラスに細かくした氷をつめ、赤ワイン、オレンジジュース、オレンジ・キュラソー、グレナデン・シロップを注ぎ、軽くまぜる。

白やロゼをつかってもいい。

キール

白ワインとクレーム・ド・カシス（リキュール）を軽くまぜる。カシスの色で赤ワインのようにみえる。甘酸っぱい風味が特徴だ。

白ワインをシャンパンにかえるとキール・ロワイヤルになる。

ホットワイン

温めた赤ワインに、砂糖やシナモン、アーモンドを加える。寒い季節にぴったり。

沸騰前に火を止めて、ワインを煮立たせないのがポイントだ。

料理につかうのもいい

ワインが残ったら料理につかう、とはよくいわれることだけど、はじめから料理につかうのもいい考えだ。

ワインを抜栓し、煮込み料理やソース、炒め物に少量つかい、できあがった料理と残りのワインを楽しむ。料理とワインの相性は抜群だし、料理している間に開栓したワインも眠りから覚めて一石二鳥だ。

家庭料理に合う太陽と風のワイン

ラングドック、ルーション地方は、フランス最南端にある生産地だ。南のほうはスペインとの国境から東はローヌ川の河口付近まで、地中海に沿って広がっており、このうち東一帯がラングドック地方、西一帯がルーション地方にあたる。

広大で、しかも栽培に最適なこの地方のぶどう畑は、フランスの総栽培面積の、なんと四割を占めている。栽培品種は数多く、造られるワインも甘口・辛口、赤、白、ロゼ、発泡性ワインなど多様だ。地中海の太陽の恵みをたっぷりと浴びたぶどうから造られるこれら多彩なワインは、〝太陽と風のワイン〟と称されている。この地方で造られるワインのほとんどは、地中海料理にマッチした、地酒やテーブルワインだ。高級レストランよりむしろ、温かい家庭のテーブルで味わいたい。

特産物として特記しておきたいのは、マスカット系のぶどうから造られる、天然甘口ワイン。貴腐ぶどうをつかった製法ではなく、アルコールを添加することで発酵を抑え、ぶどうの糖度を残す製法。食前酒やデザートワインとして人気が高い。

微妙な違いが味わいの差なんだね

ミクロ・クリマとは？

ラングドック、ルーション地方は、沿岸の丘陵地、内陸の平野、高原、高台、河川、渓谷など、地形はひじょうに変化に富んでいる。土壌も石灰岩質、粘土質、花崗岩質など、じつにさまざまだ。そのため、それぞれの場所の地形や気候、土壌に合わせてぶどうの栽培が行われている。

このように、場所によって細分化された気候や土壌などの条件を、ミクロ・クリマ（微小気候）という。

アメリカ・カリフォルニアのぶどう産地でも、ミクロ・クリマに合わせた最適な栽培法が行われている。

特産品、天然甘口ワインを味わう

ラングドックで造られるワインの生産量はきわめて多いが、ほとんどがAOCの１ランク下の格付けワインやテーブルワインだった。近年はAOCワインも出てきており、品質も急上昇している。

使用するぶどう

プロヴァンスと同じような品種が栽培されている。

また、ミュスカ（白ぶどう）やグルナッシュ・ノワール（黒ぶどう）などから天然甘口ワインが造られる。

天然甘口ワイン

この地域では、ほかの地域と少し異なる製法で天然甘口ワインが造られている。

発酵中のワインにアルコールを添加して造る甘口ワインはヴァン・ドゥー・ナチュレルVins Doux Naturelと呼ばれ、発酵前の果汁に蒸溜酒を添加して造る甘口ワインはヴァン・ド・リケールVins de Liqueurと呼ばれる。食前酒やデザートに合わせるといい。

チョコレートに合うワインとしてバニュルスが有名。えびや魚に合う天然甘口ワインもある。

ラングドックのおもなAOC（原産地統制呼称）

ミネルヴァ地域では樫の樽で熟成させ、コクのある赤ワインを造る。2000年以上の歴史をもつコルビエール地域では、骨太の赤ワイン、フィトゥー地域ではパワフルな赤ワインを造る。辛口白ワインを造るクレレット・ド・ベルガルド地域なども有名。

ルーションのおもなAOC（原産地統制呼称）

陽気でフルーティな赤を生む、スペインの国境に近いコリウール地域、優しい赤や辛口の白・ロゼが生まれるコート・デュ・ルーション地域などがある。基本的には天然甘口ワインの産地。

南西部とくればワインの蒸留酒アルマニャック

ボルドー地方の東から、ピレネー山脈に至るまでの南西部の丘陵地帯に、ぶどう栽培地区が点在している。環境はそれぞれ違うが、全体的には昼と夜の温度差が激しい高原性の気候で、土壌は石灰岩が多い。この石灰岩が、日中に温められて夜間の保温に役立っている。

各生産地区は小さいが、全体として広い地方なので、ぶどう品種もワインの種類も多彩。この地域でワインではないが注目したいのが、オー・ド・ヴィー・ド・アルマニャック、通称アルマニャック。いわずと知れた、ブランデーの名品だ。ブランデーは白ワインを蒸留した酒で、もともとは錬金術師が造り上げたものが、スペインからピレネー山脈をこえて、アルマニャック地方に伝わったと推測されている。

アルマニャックの原料となる白ワインのぶどうは、フォル・ブランシュ、コロンバールなど。これらのぶどうからできる白ワインは、とくにこれといった特徴はないのに、蒸留されると、風格のある味わいをもつブランデーへと昇華していくのだ。ワイン巡りに一息ついて、食後にゆったりとアルマニャックを味わってみたら？

土地に合ったワインが造られているんだ

広大な南西部には個性的なワインがある

南西部は広大なので、それぞれの地区で個性的なワインが造られている。たとえばカオール地域では、タンニンの多い濃い色の赤ワインが造られ、これは「黒のワイン」と呼ばれている。アルマニャックの南西に位置するジュランソン地域では、マンサンという品種から生まれる黄金色のAOC白ワイン、ジュランソン・セックが有名。朝露からぶどうの木を守るために、日本と同じ吊り棚式で栽培している。

アルマニャックの北にあるモンバジャック地域も、黄金色の甘口白ワインで有名だ。ガイヤック地域では赤・白・ロゼ・発泡性ワインが造られている。

ワインのあとはブランデーで

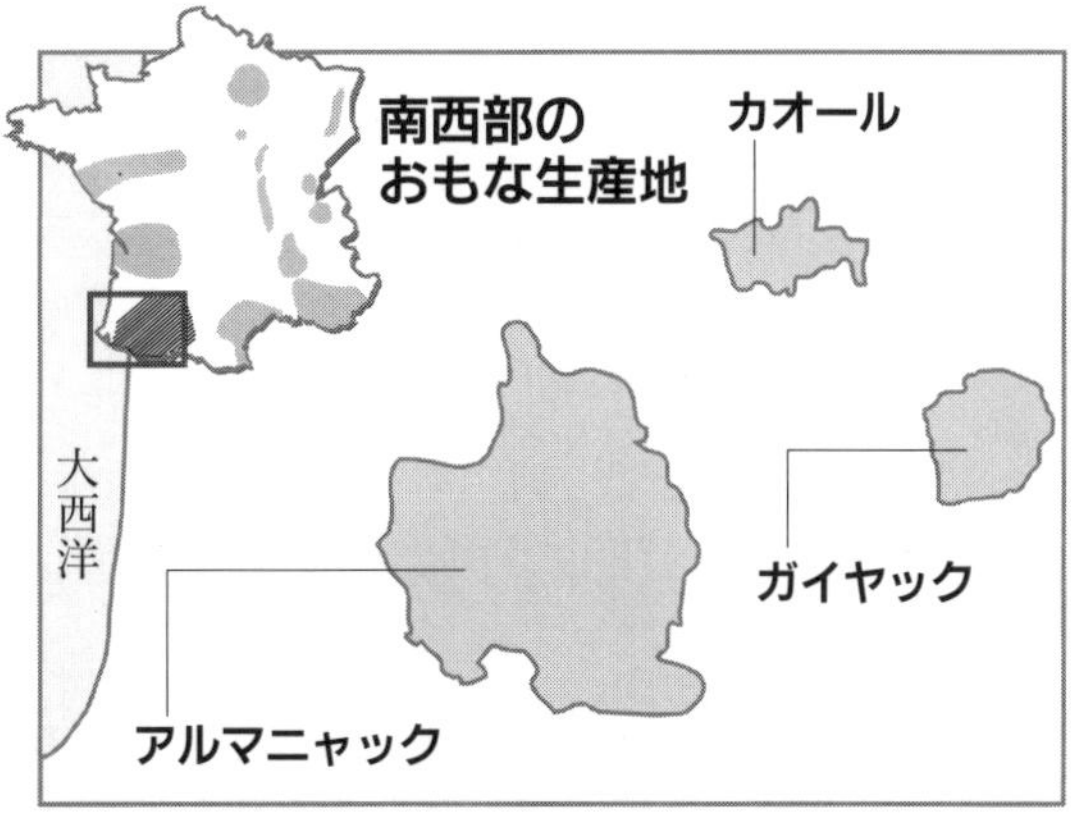

南西部の特産品であるブランデーの名品、アルマニャックはユニ・ブランというぶどう品種をメインに造られる。汁気があり澄んだ香り、酸味が強く糖分が少ないぶどうだ。

ブランデーの造り方

1 アルコール度9度ほどの白ワインを、澱引きせずに造る。

2 蒸留機で白ワインを蒸留すると60〜70度の新酒ブランデーができる。（なんと1樽分のブランデーを造るのに必要なワインは8樽分だ！）

3 新酒を樽熟成させたあと、ブレンドして製品化される。

アルマニャック
Armagnac

ボルドーの南に位置する。近年はコニャックのほうがビッグネームだが、ブランデー造りの歴史はフランス最古だ。糖分が多く、ワイルドな男らしさが特徴。

コニャック
Cognac

ボルドーの北部に位置する。アルマニャックと並び、ブランデーの二大産地のひとつである。上品で芳醇な香りが特徴で、どちらかといえば女性的なブランデー。

熟成の目安

蒸留後の4月1日から数えて…

3年以上	☆☆☆（スリースター）
5年以上	V.S.O.P.
7年以上	X.O.、EXTRA NAPOLEON

クラス分けはブレンドするいちばん若いブランデーの年数によって決まるため、V.S.O.P.にX.O.クラスの古酒が混ざっていることもある。

香りの楽しみ方
グラスを手で包み込み、暖めると香りがたつ。だがやりすぎると香りが飛んでしまう。飲み終わったグラスを手で暖めて、残り香を楽しむのもさまになる。

あ・と・が・き

僕が大好きなワインについて、少しでも多くの人に興味をもってもらおうと、三年前に『知識ゼロからのワイン入門』を出した。幸いたいへん好評を得て、この本をきっかけに、ワインがより身近なものになり、日々の食卓に並ぶようになったという声もいただいた。この本を読んでくださった方のなかには、ワインの深い道にのめり込み、世界各地のワインの飲み比べに、おおいなる楽しみを見いだした人もいるかもしれない。

僕はといえば、年齢とともに飲む量こそ多少は減ったものの、相変わらず、ワイングラスを片手に資料を読んだりして、静かな夜を過ごしている。ワインはもともと料理の添え物なのだろうが、少しのフランスパンとチーズを傍らにおき、ワイン自体をじっくり味わうのが、僕なりのスタイルなのだ。

自宅でゆっくりと味わうワインもいいが、気のおけない仲間が集まって、うまい料理と各自もち寄りのワインを囲んで、わいわいと過ごすのもこのうえなく楽しい。こうした集いを年に数回開いているし、各種の試飲会に参加するなどで、思えば僕もこれまでずいぶんいろいろなワインを飲んできたものだ。

けれど僕が最終的に行きつくのは、やはりフランスのワインだ。カリフォルニアのワインもいいものがたくさんあるし、スペインのワインもうまい。日本のワインも、なかなか捨てたものではない。

それでも自分で手にいれて飲もうと思うのは、どうしてもフランスワインになってしまう。僕は相変わらずネットオークションを利用して、さまざまなワインを注文しているが、これもフランスワインが中心だ。

だからといって、「フランスワインがいちばんうまい」といっているのではない。「僕はフランスワインが好き」なのだ。ワインはあくまで嗜好品だから、その人の肌感覚に合うか合わないかが、何を飲むかを決めるポイントになると思う。それが僕の場合は、フランスワインということなのだ。

それもあるが、やはりフランスはワインの本場ということで、がんこなイメージを保っているのが、僕にはうれしいのかもしれない。たとえばミュージカルは全世界で上演され、それぞれすばらしいステージを作り上げている。でもやはりニューヨークは、作る側も演じる側も、底辺がしっかりしているという意味で、ミュージカルの本場というにふさわしい。ワインだって、これと同じだ。

ワインの中心には、やはりフランスがあるのだと思う。だからフランスワインを少しでも知っていれば、ワインの世界はより広がっていくに違いない。そんな思いから、今度はフランスワインだけを取りあげて、この本を作ったのだ。

フランスワインは、ボルドーとブルゴーニュを飲み比べてみるだけでも楽しい。

飲み比べなどというと、肩肘はってしまいそうだが、そんなことはない。僕はどちらかというとボルドーが好きだが、味もさることながらイカリ肩のボトルのフォルムが好きだ。「そういえば女性もイカリ肩の人が好きだなあ」なんて、あらぬことを考えながら、気楽に飲んでいる。

赤ワインのポリフェノールは動脈硬化を防ぐとか、最近ではアルツハイマーの予防に効果があるといった報道もある。ワイン好きの僕としてはうれしいやら、ほんとうだろうか首をかしげたり……。

ともかく健康のためにワインを飲むのもよし。だけど楽しく飲まなくては、健康にいいはずもないと僕は思う。

この本も、フランスワインの雑学くらいに考えて、気楽に読んでいただければそれでいいと思っている。いま飲んでいるワインが生まれた地がどんなところか、どんなぶどうが使われているのか、ほんの少し知識が得られるだけで、ワインはもっと深く、もっと楽しくなるのだから。

この本が、フランスワイン、いやあらゆるワインを好きになるきっかけになってくれれば、僕にとってそれ以上の喜びはない。

二〇〇三年　十一月

弘兼憲史

●取材協力

小川　洋（御茶ノ水　小川軒　代表取締役）東京都文京区湯島1-9-3

ＳＯＰＥＸＡ（フランス食品振興会）

●参考文献

「おいしい映画でワイン・レッスン」（講談社）　青木冨美子
「オズ・クラーク　フランスワイン完全ガイド３大名醸地の旅」（小学館）オズ・クラーク　嶋啓祐監修
「これが『美味しい！』世界のワイン」（幻冬舎）福島敦子
「新フランスワイン」（柴田書店）アレクシス・リシーヌ　山本博訳
「世界大百科事典」（平凡社）
「世界の名酒辞典　２００３年版」（講談社）
「田崎真也のワインライフ」2000,no.11（日本経済新聞社）
「チーズ　ポケットブック」（旭屋出版）
「知識ゼロからのカクテル&バー入門」（幻冬舎）弘兼憲史
「知識ゼロからのワイン入門」（幻冬舎）弘兼憲史
「とっておきワインと洋酒の物語」（第三書館）藤本義一
「はじめてのワイン」（西東社）原子嘉継監修
「パラノイアなワイン日記」（中央公論社）竹中充
「フランスワインガイド」（柴田書店）山本博
「フランスワイン　愉しいライバル物語」（文藝春秋）山本博
「ブルゴーニュ黄金の丘で」（集英社）辻啓一
「ブルゴーニュワイン」（河出書房新社）シルヴァン・ピティオ、ジャン・シャルル・セルヴァン　山本博、大野尚江訳
「豊潤なバッカスの世界への招待　ワインを気軽に楽しむ」（講談社）麻井宇介監修
「ポケット・ワイン・ブック　第3版」（早川書房）ヒュー・ジョンソン
「ボルドー　第3版」（講談社）ロバート・Ｍ・パーカーＪｒ．アーネスト・シンガー日本語版監修
「マイケル・ブロードベントの世界ワイン・ヴィンテージ案内」（柴田書店）マイケル・ブロードベント　山本博訳
「マイケル・ブロードベントのワインテースティング」（柴田書店）マイケル・ブロードベント　西岡信子訳
「もっとワインが好きになる」（小学館）　花崎一夫　監修・執筆
「物語るワインたち」（悠思社）城丸悟
「ローヌワイン」（万来舎）ロバート・Ｍ・パーカーＪｒ．　石垣憲一訳　梅田悦生日本語版監修
「わいわいワイン」（柴田書店）山本博
「ワインが安心して飲める店・買える店」（柴田書店）　ワインフォーラム87編著
「ワインがからだに良い理由」（時事通信社）ニコライ・ヴォルム　藤村美織訳　梅田悦生監修
「ワイン醸造士のパリ駐在記」（出窓社）小阪田嘉昭
「ワインと洋酒のこぼれ話」（第三書館）藤本義一
「ワインの基礎知識」（時事通信社）田中清高、奥山久美子、梅田悦生　アカデミー・デュ・ヴァン監修
「ワインの実践講座」（時事通信社）田中清高、永尾敬子、渡辺照夫
「ワインの事典」（成美堂出版）種本祐子監修
「ワイン畑の住人たち」（中央公論新社）竹中充
「ワインを楽しむためのミニコラム１０１」（ＴＢＳブリタニカ）アンドリュー・ジェフォード　中川美和子訳

ボルドー地方ぶどうの品種比率の目安は『ボルドー　第３版』（講談社）を参考にしました。

本書にある情報は2003年現在のものです。

ワイン名索引

ア行

カ行

サ行

弘兼憲史（ひろかね　けんし）

1947年山口県生まれ。早稲田大学法学部卒。松下電器産業販売助成部に勤務。退社後、76年漫画家デビュー。以後、人間や社会を鋭く描く作品で、多くのファンを魅了し続けている。小学館漫画賞、講談社漫画賞の両賞を受賞。家庭では二児の父、奥様は同業の柴門ふみさん。代表作に『課長　島耕作』『部長　島耕作』『加治隆介の議』『ラストニュース』『黄昏流星群』ほか多数。『知識ゼロからのワイン入門』『知識ゼロからのカクテル＆バー入門』『知識ゼロからのビジネスマナー入門』（幻冬舎）などの著書もある。

装丁　亀海昌次
装画　弘兼憲史
本文漫画　『課長　島耕作』『部長　島耕作』『取締役　島耕作』
『加治隆介の議』（講談社）より
本文イラスト　押切令子
本文デザイン　バラスタジオ（高橋秀明）
校正　左近弍式
編集協力　佐藤道子
オフィス201（高野恵子　柳井亜紀）
編集　福島広司　鈴木恵美（幻冬舎）

さらに極めるフランスワイン入門

2003年11月30日　第1刷発行

著　者　弘兼憲史
発行者　見城　徹

発行所　株式会社 幻冬舎
〒151-0051　東京都渋谷区千駄ヶ谷4-9-7
電話　03-5411-6211（編集）　03-5411-6222（営業）
振替　00120-8-767643
印刷・製本所　株式会社 光邦

検印廃止

ISBN4-344-90049-9 C2077
Printed in Japan
幻冬舎ホームページアドレス　http://www.gentosha.co.jp/
この本に関するご意見・ご感想をメールでお寄せいただく場合は、comment@gentosha.co.jpまで。